윤관 장군과 북벌

임중빈 지음

범우

차 례

이 책을 읽는 분에게 · 3

서장 해동명장 윤관
영토 확장의 대업 · 11 | 민족정기의 활화산 · 14

1. 용연 · 17
민족 전성기 고려의 상징 · 19 | 태몽 용꿈의 결실 · 21 | 귀공자의 기상으로 · 23 | 뛰어난 글솜씨 · 26 | 무예를 닦으며 · 29 | 촉 없는 화살로 사냥 · 33 | 명문거족 윤문 대본영 파주 · 36 | 용연의 옥함 · 39 | 고려 창건의 막후 실력자 · 43 | 선조의 뜻 마음에 새기며 · 49 | 천리장성 밖으로 펼치는 뜻 · 51

2. 푸른 용 · 53
화랑정신의 용광로 · 55 | 인격 갖추는 무예 단련 · 58 | 전성시대 향한 수행 · 60 | 상승일로 청룡의 계단 · 63

3. 벼슬길 · 69

천하대사에 충성어린 진언 · 71 | 외교활동에 괄목할 공적 · 74 | 절실한 국력 배양 · 79 | 강감찬 용장의 위업 · 82 | 의천과 주전도감 설치 주도 · 85 | 오늘의 서울, 남경 열고 · 88 | 경제통으로 집안도 번창 · 92

4. 별무반 · 97

천리장성에 감도는 전운 · 99 | 패전의 비보에 대책 세워 · 102 | 병마도통으로 여진정벌 특명받아 · 107 | 기병과의 첫 접전 · 109 | 별무반 편성 맹훈련 · 113 | 북벌 앞두고 숙종 붕어 · 119

5. 북벌 · 123

화랑정신을 살려 · 125 | 예종과 한 뜻으로 · 128 | 북벌의 뜻 다져 · 131 | 도원수로 총진군 · 136 | 대고려 기상 품고 · 139 | 초전 격파 뒤 총진군 · 141 | 거듭되는 기습에 휘말려 · 149 | 가는 곳마다 대첩의 승전고 · 152

6. 9성城 ▪ 157
　찾은 땅에 성 쌓으며 ▪ 159 | 격전지 병목 위기 돌파 ▪ 162 | 영주성 에워싼 여진 격파 ▪ 166 | 적진 무찔러 연승하며 ▪ 168 | 잉어떼 출현 도린포 일화 ▪ 172 | 선춘령 아래 고려 정계비 ▪ 174 | 9성 개척 그 위업 ▪ 178

7. 개선 ▪ 181
　군마 발꿈치에 쇠징을 ▪ 183 | 영토 개척 큰 성취 ▪ 186 | 위급해진 웅주성 재탈환 ▪ 190 | 개국백의 영광 속에 ▪ 194 | 4차 북정으로 여진 격파 ▪ 197 | 9성 환부 강화책 ▪ 203 | 9성 돌려주며 전쟁 마무리 ▪ 208 | 국치 설욕도 덧없이 ▪ 213 | 한 맺힌 임종 ▪ 216

결장 천추의 한
　스러진 웅대한 꿈 ▪ 223 | 달랠 길 없는 역사적 통한 ▪ 227 | 통일의 상징 동상 건립 ▪ 229

윤관 장군과 북벌

서장 · 해동명장 윤관

영토 확장의 대업

대고려의 웅도가 여기에 펼쳐지며 그 황금 깃발이 화랑의 얼로 펄럭이고 있다. 해동명장海東名將의 참모습 문숙공文肅公 윤관尹瓘(1050~1111, 문종4~예종6) 대원수가 한반도 밖으로 강역을 개척한 크나큰 실적이 바로 여기 있다.

윤관 그 앞에 영락대제永樂大帝 광개토대왕廣開土大王(374~412)이 있었고, 그 뒤에는 2002 월드컵 한국 대표 선수팀과 거족적인 붉은 악마 응원단이나 있다 할까. 옛날 윤관 대원수가 9세기 지난 지금 여기에 와서 큰눈을 떠 보이며 겨레의 가슴마다에 불을 지핀다. 윤관의 가르침을 받으며 임금이 된 고려 문효대왕文孝大王 예종睿宗은 척지공신拓地功臣 윤관의 날개가 되고, 윤관 도원수 또한 예종 임금과 아울러 고려를 대고려로 만들기까지 전성기를 수놓아 보인다.

12세기에 들어선 7년째 겨울이었다. 고려 강산에 단풍의 핏빛 노을마저 불타다 스러져 간 뒤 설한풍 드센 1107년, 고려 예종 2년 음력 윤10월 20일이었다.

모든 지휘관과 장졸들은 한결같이 북원北原을 정복할 패기에 넘쳐 있었다. 의로운 깃발을 치켜 든 신기神騎・신보神步・항마降魔 3군 수십만 고려 용사들을 총지휘하여 바람같이 북으로 내달릴 만반의 기세였다.

11월 하순 서경에서 왕 친히 윤관 대원수 앞에 부월斧鉞을 내린다. 마침내 오랑캐 정벌의 총공격 명령이 떨어지자 사기 충천한 군사들이 일제히 여진女眞 진영에 육박하였다.

장도에 올라 출격하는 병사들과 여진 격퇴를 맹서할 때 감분의 눈물이 솟아나 흘러 내린다. 대원수의 맺히고 사무친 결의를 고려의 역사는 지켜보았다. 여기에 따르지 않을 고려인이 그 누구랴.

섣달이다. 적진에 깊숙이 들어서며 고려의 별무반別武班 3군이 우렁차게 소리치면서 돌격할 때 천지가 무너져 앉을 드높은 사기였다. 마침내 충용무쌍한 고려군은 마른 가지를 꺾으며 대를 쪼개는 것보다도 더 쉽게 10여 일 지나 강적을 무찔렀다.

불과 보름 만에 135개 여진 촌락이 무너지고, 광대한 만주 대륙을 수복하여 새로운 세계가 열렸다. 윤관 대원수의 고려 대군 앞에 민족 전성시대의 평원이 한없이 광활하게 펼쳐져 가고 있었다.

윤관 원수가 막강한 대군을 휘몰며 이렇게 북벌北伐을 결행하기 서너 차례, 불과 4,5개월 만에 마침내 철령鐵嶺 너머 천리장성千里長城 밖으로부터 만주 선춘령先春嶺 기슭에 이르는 고조선과 고구려, 발해의 옛 강역에까지 9성九城을 쌓고, 승승장구 개선하던 때가 지금으로부터 약 9백년 전인 1108년 음력 4월이었다. 고려 예종 3년 첫여름이었다. 영명한 임금에 충용하기 이를 데 없는 개선장군 윤관 대원수였다.

이로써 지금으로부터 894년 전에 황금시대가 우리 민족 앞에 열릴 수 있었다. 그러나 뜻하지 아니하게도 9성을 여진에게 다시 돌려주자 천추千秋에 맺힌 한을 세기적인 유산으로 남긴 채 문하시중 윤관 대원수는 1111년 5월 8일 숨을 거두었다.

천추에 맺힌 문숙공의 북벌대첩 철회의 한은 어언 9세기가 가까워 오는 오늘에도 우리에게 민족적 숙원을 되새겨 주고 있으며, 앞으로 더욱 7천만의 절실한 과업이 되리라 의심치 않는다. 문숙공 윤관 원수가 외적을 정벌한 업적 못지않게 10세기를 두고도 만인의 마음을 감복하게 한 그 민족한의 유산이야말로 천추만대에 걸쳐 민족중흥의 우렁찬 행진곡이 되어 줄 만하다.

고려 개국 공신 태사공 시조의 후예로 뒷날 충의의 화신 윤봉길尹奉吉 의사를 둔 윤관은 동양의 조지 워싱턴이요, 해동의 보나파르트 나폴레옹인지 모른다. 그의 위훈 위업은 단순한 무장으로 강토를 개척하여 국치를 설욕한 거기에만 있는 것이 아니다. 남달리 학문을 좋아하고, 어진 선비들을 가까이 하며, 덕행을 쌓던 현인賢人이자 명장名將으로 선왕의 유지를 받들어 북벌대첩을 거둔 천고영걸千古英傑로 생동한다는 그 점이다.

그래서 후세에도 눈을 부릅뜨고 제 정신으로 살라 격려한다. 강역을 넓히고 국경을 개척하는 데 그치지 않고, 무궁 세대에 찬연할 정신의 맥박으로 약동함이 있다.

나아가면 천하무적의 명장이 되고, 들어오면 어진 재상이 되어 고려 시대에 그 이름을 떨친 윤관의 피맺힌 천년한千年恨이 7천만의 가슴마다에 용솟음치고 있다면 문숙공 일 대一代가 곧 민족 불굴의 영원한 격려사요 21세기 신생의 응원가가 될 수 있다. 이제 윤관 원수는 곧 7천만 민족의 마음을 일깨우는 눈부신 횃불이 아닐 수 없다.

민족정기의 활화산

평소에 굳건한 의기와 높은 기상으로 외적을 무찌르고 국토의 영역을 확장한 척지진국 공신拓地鎭國功臣 문숙공은 국위를 크게 떨친 성장聖將이었다. 그러기에 세상은 원수대元帥臺·시중대侍中臺·장사대將士臺 등으로 강척천리疆拓千里한 공의 무열武烈을 받들어 빛내 왔다.

문숙공은 이상에 불타는 애국자로 드높은 뜻을 구현한 정복자였다. 인구 1백만밖에 안 되는 시대에 별무반 수십만을 조직하고 맹훈련하였다. 신기군·신보군·항마군으로 된 별무반의 군비는 기병이요, 의병이요, 승병僧兵이었다.

일찍이 고려 숙종의 밀지密旨를 받들고 예종의 어명을 받아 윤관 원수가 정병 30만 대군을 거느리고 바람같이 정주定州 진지에 내닫자 여진군은 여지없는 추풍낙엽이 되었다.

과연 윤관 원수가 지휘하는 고려군 가는 곳이면 적진은 무너지고 흩어진다. 그 위세가 여진군을 궁지에 몰아넣고는 했다. 파죽지세破竹之勢로 외적을 섬멸한 문숙공은 당당히 옛 국토를 만회하여 의주宜州·함주咸州·영주英州·복주福州·웅주雄州·길주吉州·평융平戎·통태通泰·공험公嶮 등 9성을 쌓고, 그 일대에 40만 이민移民을 하며 방비를 철통같이 하였다.

그뿐인가. 두만강을 건너고 백두산을 넘어 연해주와 흑룡강성 및 길림성 연길 등지에도 정계비定界碑를 세워 나라의 강토를 넓히며, 민족정기와 국위를 안팎으로 널리 드날렸다. 고구려 전성시대와 통일 3국의 재현을 문숙공은 꿈꾸어 이룩하였다.

고려의 창업정신에 따라 문숙공 윤관 원수에게는 "위대한 고려가 아닌 고려는 있을 수 없다"라는 국가관이 서 있었던 것으로 보인다.

문숙공이야말로 과연 위대한 고려를 만든 해동명장이 아닐 수 없다. 문숙공의 그 웅대한 포부는 조선 왕조에 들어와 세종대왕이 김종서金宗瑞 장군으로 하여금 6진六鎭을 회척하게 하는 성업聖業으로 이어질 수 있었다.

적극적인 애국 애족의 좌표가 되는 북원의 정복자로 북벌대첩의 주역인 문숙공 윤관은 민족정기의 표상이고, 의로운 원기 그 자체다.

당시 9성의 정복이란 오늘날 우주 정복 이상의 쾌거일 수밖에 없는데 이 사라진 꿈을 되살리고, 끊어진 길을 되찾아 우리 역사의 한복판에 내닫는 데 있어서, 북원의 정복자이자 해동명장인 세계적 거걸巨傑 문숙공 윤관 원수는 단연 불이법문不二法門의 행동지침이 된다 할 수 있다.

1. 용연

민족 전성기 고려의 상징

문숙공文肅公 윤관尹瓘 장군은 지금으로부터 952년 전인 1050년에 경기도 파주坡州에서 고려 개국공신 태사공太師公 윤신달尹莘達 장군의 후예로 큰 영광 속에 태어났다. 파평 윤씨 시조 윤신달의 현손인 윤관은 한국 역사상 가장 보람된 자리에 오른 인걸로, 1111년 5월 8일 고려 왕조의 영웅악장英雄樂章이었던 그가 천추의 한을 품고 비통 속에 귀천歸天했지만, 문무文武가 하나로 출장입상出將入相하던 그 풍공위열豐功偉烈은 천년이 되도록 오히려 새롭다.

윤신달 장군의 뛰어난 무공 보필로 태조太祖 왕건王建이 서기 918년 후삼국을 통일하고 고려를 창업한 이래 오늘에 이르기까지, 백두산을 넘고 두만강을 건너 천리 강역을 개척해 나간 영명한 인걸은 890년 전의 윤관 원수밖에 더는 있지 않다.

민족 전성시대의 원훈元勳으로 삭풍 휘몰아치던 황야에서 천하영웅의 우렁찬 소리를 내던 윤관 대원수였다. 신기神騎·신보神步·항마降魔의 3군만 거느렸던가. 일찍이 명문의 귀공자로 명현名賢이 된 그는 천재千載 불후不朽의 명상名相

이기도 했다.

그래서 천고영걸千古英傑 윤관 대원수가 62세로 역사에 빛나는 일대를 마쳤다 하더라도 그 천추의 위업은 언제나 후세의 사람들을 압도하고, 누구나의 마음을 사로잡는다. 그가 북정北征을 단행하여 옛 강역을 회척恢拓하던 성업은 물론 오늘날 민족통일 과업의 당면 과제인 줄 안다. 그러나 여태까지 국경을 넘어 쳐들어온 외적을 방어한 명장들은 많으나, 문숙공처럼 국경 밖으로까지 나아가 외적을 정복한 명장은 거의 없다.

출장입상의 영걸들은 많았지만, 팽창하는 국력을 나라 밖으로 널리 선양하기는 고구려 시대 광개토대왕이 그 처음이고, 고려 시대 윤관 도원수가 그 마지막이었다. 이로써 볼 때 우리 역사는 왕으로 영락대제[광개토대왕], 장상將相으로 문숙공을 두었을 뿐이다. 이는 외세를 끌어들여 제 동포의 피로 강산을 물들여 권력을 잡는다거나 왕권을 강화하고 정해진 국토를 다만 지키며 다스린다는 따위와는 그 차원이 다른 바 있다.

나라의 힘과 민족의 저력을 밖으로 확산하지 못하고 안으로 세력 다툼이나 일삼으며 고작 외세나 불러들여 평화를 보장한다는 따위의 얼빠진 백기白旗는 그 언제나 내려질 것인가.

문숙공 윤관이 태어난 뒤 고려 전성기에나 앞서 고구려 민족 전성시대에만 한국의 역사는 능동의 문맥文脈이었다고 할 수 있다. 늘 수동受動의 어두움 속에서 외세에 압박받는 신음과 처량한 하소연이 멎어 본 적이 별로 없다. 대외적으로 능동시대를 맞이하게 한 문숙공 무렵의 고려는 새 왕조 창건 130년 후 정국의 안정과 사회의 번영이 약속된 획기적인 시기였다.

태몽 용꿈의 결실

문숙공 윤관 원수가 태어나기 전 아버지 문정공文靖公 윤집형尹執衡과 부인 김씨 부부에게는 범상찮은 일들이 있었던가 싶다.

문정공이 용마龍馬를 타고 하늘을 날으는 꿈에서 깨어나 참 이상스런 일도 다 있구나 하고 얼떨떨해 있는 중 김씨 부인도 잠에서 깨어나는 기색이었다.

"왜 무슨 일이라도 있었소?"

"글쎄 눈이 부셔서 차마 바라볼 수조차 없는 혜성彗星 하나가 하늘 높은 데서 이 땅으로 내려 오기 시작했어요. 그 눈부신 혜성이 저 용연龍淵 쪽으로 떨어지는가 싶었는데 사실은 제 품에 안기는 듯했습니다.

그 순간 이 몸이 그만 불에 타는 듯한 충격을 받고 꿈에서 깨어난 것이 아닌가요."

감격의 말을 하는 부인은 전신이 아직도 식은땀에 젖어 있었다.

"그래, 거 참 기이한 일도 다 있으셨소. 그렇잖아도 나 역시 범상찮은 일을 꿈에서 겪었소."

"무슨 일이신데요?"

"아버님께서 지난날 금강사金剛寺에 다니실 때 타시곤 하던 그 천리마는 문제도 되지 않는 용마를 보았소이다. 용인지 말인지 분간조차 할 겨를도 없이 나는 그걸 타고 밤새도록 천공天空을 훨훨 날았소이다."

"용마를 타고 하늘을 날으시다니, 앞으로 귀히 되실 징후인가 하오이다."

"아니오. 내 이미 나이가 있는데 하늘이 귀한 아들이라도 하나 우리에게 점지해 주실 모양이구료."

"그렇게 된다면 자손 귀한 이 집안에 좀이나 좋으리까."

그 뒤 다시 얼마가 지난 후였다.

이번에는 문정공의 증조 할아버지인 윤신달 장군이 그에게 현몽하였다.

"우리 집안은 그동안 손이 귀해서 적막하였다. 그러나 머지않아 용 같은 아이가 태어난 뒤 그 다음 대부터는 후손이 바닷가의 모래알처럼 많아질 게다."

이런 일이 있는 뒤로 얼마 안가 과연 부인에게는 태기胎氣가 있었다. 그들 부부는 옥동자에의 기대로 남 모르는 기쁨에 젖고는 하였다.

뱃속에 있는 아기를 위해 문정공은 부인을 보중케 하였고, 만삭이 되어 부인은 마침내 옥동자를 분만하기에 이르렀다.

"응애!"

아기의 우렁찬 울음이 문정공의 집에서 터져 나오던 그날, 경기도 파평산坡平山에는 서기瑞氣가 어려 있었고, 광탄廣灘의 눈부신 여울물도 한결 힘찬 흐름이었다.

두 부부는 너무도 기이한 용꿈의 태몽으로 낳은 아이였기에 처음 밖으로는 말을 내지도 않고 마음속으로만 기뻐할 뿐이었다.

귀공자의 기상으로

파평 윤씨 5세 윤관 어린이는 자라면서 말 그대로 귀골貴骨에 선안仙顏의 모습 그대로였다.

그런 문숙공이 태어난 당시는 고려 국경을 넘보며 만주의 동북쪽에 살고 있는 여진족이 호시탐탐 기회만 있으면 고려를 침범해 오곤 하면서 적잖이 말썽을 부렸다.

그러나 백성들은 그것쯤이야 한낱 부질없는 근심에 지나지 않았다. 나라는 해마다 더욱 융성해 가기만 했다. 정종靖宗이나 문종文宗이 치적을 잘 다져 온 성과였다. 사실 이 왕들은 내치內治와 외교外交의 두 방면에 걸쳐 별 실책없이 무난하게 일을 해 낸 임금으로 손꼽힌다.

1034년 덕종德宗의 뒤를 이어 고려 제10대 왕으로 정종이 즉위하게 된다. 고려의 위세에 눌려 복속해 오는 부족들이 많았지만, 더러 국경을 침범해 오는 무리들이 전혀 없는 것은 아니었다.

정종 6년 2월에 정종은 개성과 평양 양경兩京을 지키고 있는 군사들이 침범하는 적을 사로잡거나 격퇴하였다는 첩보에 직접 양경의 일선에까지 찾아가 공이 크면 많은 피륙과 옷감을, 공이 적어도 적은 대로 약간의 피륙과 옷감을 나누어 주었다. 이것이 계기가 되어 군사들은 고무되었고, 전국의 많은 군사들은 서로 공을 세우려고 분발하게 되었다. 이쯤 되자 국토방위는 저절로 튼튼해질 수 있었다.

문종은 정종에 이어 1046년 고려 11대 왕으로 등극하였다. 그 역시 정종과 마찬가지로 많은 치적을 남겼다.

즉위하자 최충崔冲에게 명해 법률 개정에 착수하여 양반의 공음 전시법功蔭田柴法 · 연재 면역법捐災免役法 · 삼원 신수법三員訊囚法, 그리고 국자 제생國子諸生의 효교법 등을 제정하였다.

이렇게 하여 내치를 다지는 한편 불교를 독신하여 흥왕사興王寺를 비롯한 많은 사찰을 건립하며, 왕자 후煦를 출가시켜서 대각국사大覺國師로 대성시켰고, 유학도 장려하여 최충의 9재齋를 비롯하여 12도徒의 사학私學을 일으키기도 하였다.

그런데 문종 때에는 정종 때보다 좀더 강성해진 여진족의 일부가 자주 북변을 침입하기도 하였다. 이에 문종은 이를 토평討平하는 한편 회유책을 쓰기도 하였다. 그러나 여진은 점차 강성해져서 위협적인 존재로 부각되어 가고 있었다.

나날이 위태로워지는 시기에 태어난 문숙공은 고려의 한 줄기 빛이었다.

경주 김씨慶州金氏인 어머니가 신라의 마지막 왕이었던 경순왕敬順王의 손녀이기도 한 명문가에 태어난 윤관은 자라며 날로 귀공자의 티를 더하였다.

파평산의 수려한 정기精氣를 한 몸에 받고 태어난 문숙공은 어려서부터 용모나 행동에 남다른 점이 있었다. 어려서부터 남달리 뼈대가 굵었던 얼굴은 용龍의 머리 같았고, 눈에는 항시 광채가 빛나고 있었다. 겨우 걸음마를 배우는 어린 애이긴 해도, 누구나 문숙공과 눈이 마주치기라도 하면 그 눈길이 얼마나 매섭게 이글거리는지 얼마 안가서 스스로 외면해 버릴 정도였다.

그래서 마을 사람들은

"윤집형의 아들 관이는 필시 무슨 큰일을 해낼 아이야. 장담하지만 대장감인 윤관이는 틀림없이 벼슬을 해도 보통 큰 자리를 하지 않고, 우리 파주 고을이 깜짝 놀랄 나라의 대들보 노릇을 하고 말걸세."

하며 놀랍다는 듯이 혀를 내두르기도 했다.

"역시 사람의 보는 눈이란 거기서 거기구만. 자네만 그렇게 생각하고 있는 것이 아니라 그 아이를 본 우리 고을 사람들 모두가 다 그런 생각을 품고 있다네."

또 지긋한 나이의 한 노인은

"그뿐인가. 내가 좀 관상을 볼 줄 아는데, 관이는 틀림없이 명장이 될 상이네. 신라의 김유신金庾信·장보고張保皐·정년鄭年, 그리고 심나沈那·소나素那 부자, 고구려의 부분노扶芬奴·을지문덕乙支文德·양만춘楊萬春, 백제의 흑치상지黑齒常之, 우리 고려 왕조에 들어와서 유금필庾黔弼·강감찬姜邯贊·양규楊規보다도 훨씬 더 세상을 뒤흔들고 말 해동명장이 될 걸세. 그것도 나라 안에서만이 아니라 나라 밖 멀리까지 위세를 떨치고야 말 장군 중 장군이 될 기상이 있단 말일세."

라며 칭송을 아끼지 않았다.

이 모든 말들은 참으로 통찰력 있는 예언이었다.

이렇게 많은 사람들의 화제에 오르며 문숙공은 어느덧 다섯 살이 되었다. 이때부터 문숙공은 그의 아버지 문정공에게서 글을 배우기 시작하였다. 문숙공은 기억력이 뛰어나 강강講을 받으면 배우는 그대로 모조리 외워댔다. 문정공은 그러한 아들의 뛰어난 재질을 대견스러워할 뿐이었다.

뛰어난 글솜씨

어느 날이었다. 문정공은 관에게 그동안 배운 글에 대하여 물어보았다.
"관아, '부생아신父生我身하시고 모육아신母育我身이로다'라는 말이 무슨 뜻인고?"
"예, 그것은 '아버님이 날 낳으시고 어머님이 날 기르셨도다'라는 뜻이옵니다."
관은 막힘없이 답변하였다. 아버지 문정공은 흐뭇하였다.
어느 날 관은 하늘 천天자를 서로 다르게 쓴 것을 구해 와서
"어느 것이 진짜 맞나요?"
하고 물었다. 이에 문정공은 어떻게 대답해야 좋을지 몰라서 망설이다 말했다.
"두 가지 다 맞다."
"아니, 한 글자는 위의 획劃이 길고 또 한 글자는 아래의 획이 긴데 어찌 같사옵니까?"
라며 따지듯 물었다.
"글쎄, 그렇게도 쓰고 저렇게도 쓴다고만 알아 두어라."
윤집형은 이렇게 얼버무릴 수밖에 없었다. 그러자 관은 자

못 의문스럽다는 듯이 고개를 갸웃거리고만 있었다. 이렇게 윤관은 머리가 총명하여 글공부를 뛰어나게 잘하는 한편 그에 못지 않게 어려서부터 성깔이 굳세기 짝이 없었다. 어쩌다 아이들과 다투기라도 하면 끝까지 싸워 상대방을 반드시 이겨야만 했다. 무슨 일에든지 도중에 물러나는 때가 없었다.

돌팔매질도 명수여서 소년이 던지는 돌멩이에 허공을 날던 새가 떨어지게 마련이었고, 소년 시절에 맨손으로 호랑이를 때려 잡기라도 할 듯이 전설 같은 일화 또한 없지 않다.

그러나 이런 무용담만 있는 것이 아니다.

일곱 살 때였다. 어른들이 시험삼아 윤관에게 말을 꺼냈다.

"너 저 밭에 뽕나무 있는 것 알지?"

"네, 있습니다. 제가 어디 뽕나무를 글제로 삼아 7언 한 수 지을까요?"

하며 곧 먹을 갈기 시작했다.

소년은 일필 휘지―筆揮之한다.

뽕잎은 누에를 길러 추위를 막게 하고,	葉養天虫防雪寒
가지는 굳센 활이 되어 오랑캐를 쏠 수 있다.	枝爲强弓射犬戎
이름은 비록 초목이나 참으로 국보인걸.	名雖草木眞國寶
베거나 자르지 말라고 아이들한테 타일러야 되리.	莫剪莫折誡兒童

자리를 함께 했던 사람들은 눈앞에서 번개가 치는 느낌이었다. 예나 이제나 위대한 천재는 번개불과 같다.
"일곱 살밖에 안 된 관의 명문장名文章이 아닌가!"
"과연 고려 문장의 기상이로군!"
"문정공의 아들이 성구成句를 했어!"
"태사공 · 공신공功臣公 · 복야공僕射公 · 문정공의 명문 혈통을 이어받은 신동神童이 아닌가!"
사람마다 탄성을 발하며 칭송하지 않는 이가 없었다.
윤관은 아무 표정없이 그 자리를 빠져 나와 할머니가 계신 안방으로 들어갔다.
상서 좌복야尙書左僕射 금강공의 선배先配는 정丁씨였다. 윤관은 정씨 할머니의 총애를 받으며 자라다가 할머니가 세상을 떠나자 할아버지가 계배繼配로 맞이한 개성 왕씨開城王氏 작은할머니의 귀여움을 독차지했다. 왕실의 집안에서 가풍을 익히고 파평 윤씨 댁에 온 작은할머니는 어린 손자 윤관을 위품 있게 교화하여 마지않았다.
또한 어진 선비인 아버지 문정공 역시 신라 왕실의 후손을 현부인賢夫人으로 맞아들여서 윤관으로서는 외가와 진외가가 모두 신라와 고려의 왕통王統인 관계로 누구보다 가장 기품있는 가풍 속에서 어질고 슬기롭게 유년기의 교육을 받게 되었다. 할아버지나 아버지의 교육 못지 않게 할머니와 어머니를 통한 사랑의 가르침은 일생일대의 정신세계를 형성하게 마련이다.
어머니를 통해서 신라 왕실의 얼을 배우고, 할머니를 통해서 고려 왕실의 법도를 몸에 익힌 윤관 소년은 뒷날 문무文武

가 둘 아닌 하나이며, 명상과 명장이 하나로 완성되는 이상적인 길을 걷게 된다.

윤관은 하루가 다르게 철이 들어갔다. 또 철이 들어가는 만큼 글공부의 수준도 높아가게 되었다.

여름 어느 날 6, 7월의 찌는 듯한 무더위는 손가락 하나 움직이는 데에도 땀을 쏟게 하였다. 이렇게 찌는 듯한 날씨에도 윤관은 별채의 사랑에 좌정하여 열심히 글만 읽고 있었다.

소년의 글 읽는 소리는 낭랑하게 주위에 울려 퍼졌다. 윤관의 집 앞을 지나는 사람이면 어느 누구든 귀 기울이며 그 소리에 심취하지 않는 사람이 없었다. 이 또한 가학家學의 영향이요, 천부의 재질에 날개를 다는 단계였다.

무예를 닦으며

이듬해 윤관은 스승을 찾아가 배움을 청하게 되었다. 파평산 기슭 금강사의 한 암자에 가서 기초 학문을 밑거름삼아 한학漢學에 몰두하였다.

또한 소년 윤관은 어려서부터 쉬지 않고 무술을 익히며 체력을 연마해 나갔다.

시조로부터 아버지에 이르기까지 문과 무가 아울러 두드러진 집안이어서 이상적인 교육환경이었다. 본래 총명한 두뇌를 지녔기에 하나를 배우면 그 이상을 아는 소년은 칼이나 활을 다루는 솜씨가 다른 아이들과는 달랐다.

그가 마을 아이들과 함께 어울리는 놀이는 흔히 전쟁 놀이였다. 이러한 모습을 지켜 보던 아버지 문정공 윤집형은 어린 윤관을 불러 묻기를 잊지 않았다.

"오늘도 전쟁 놀이를 했더냐?"

"네."

"그래. 그러면 어떻게 하는 놀이였지?"

"예, 칼과 창 그리고 활을 써서 많은 적을 남김없이 죽이면 이기게 되는 싸움이었죠."

소년의 대답은 너무도 또록또록하였다.

"허, 그런가? 그러나 꼭 그렇지만도 않은 것이 전쟁이란다."

"네? 무슨 말씀이옵니까?"

"전쟁에서 적을 죽이게 마련이다마는, 적을 모두 죽여버린다고 해서 반드시 승리하는 것도 아니다. 승리가 전쟁의 목적이고 보면, 어디까지나 이기기 위하여 적을 죽이는 것일 뿐이다. 많이 죽이지 않고도 이길 수 있는 길이 있다면, 그게 제일 좋은 방책이야. … 아무리 적에 대하여 싸우는 전쟁이라고 하더라도 함부로 죽이려고만 해서는 안 된다. 무차별로 죽이려고만 덤비는 짓은 사람의 도리가 아니다. 사람 죽여야만 이긴다고 생각하는 것은 마땅히 삼가야 할 일이다. 관아, 알아듣겠느냐?"

"네, 알겠사옵니다."

이에 소년은 《손자병법孫子兵法》을 독파하기 시작했다. 병법을 익혀 나가는 윤관 소년에게는 법열法悅에 가까운 기막힌 감개를 안겨 주었다. 이렇게 《손자병법》을 익혀 그 내용을 모조리 깨달은 윤관은 고개를 끄덕이며 어쩔 줄 몰라 했다.

그 다음부터는 전쟁 놀이의 모습도 많이 달라지게 되었다.

하지만 정신의 무장이 더욱 중요한 이상 무武의 위풍은 문文을 바탕에 두지 않고는 우러날 수 없다는 것을 그는 잘 알게 되었다. 특히 이러한 깨달음은 《관자管子》를 배우면서 더욱 절실해졌다.

> 몸을 닦지 않고 어찌 인간으로서의 대비를 기대할 수 있으랴. 개인을 수양하지 않고서 어찌 한 집안으로서의 대비를 기대할 수 있으랴. 고을을 다스리지 않고서 어찌 나라로서의 대비를 기대할 수 있으랴. 나라를 다스리지 않고서 어찌 천하로서의 대비를 기대할 수 있으랴.
> 천하는 나라의 바탕이고, 나라는 고을의 바탕이며, 고을은 집의 바탕이고, 집은 사람의 바탕이며, 사람은 몸의 바탕이고, 몸은 다스림의 바탕이 된다.

무슨 일에나 내 한 몸의 다스림이 바탕을 이룬다. 한 몸을 닦고 길들여 가며 야망의 지평地坪을 바라보아야 될 일이었다. 날래게 싸움만 잘한다 해서 모든 문제가 해결될 수도 없는 노릇이었다. 먼저 마음을 제대로 다스리는 일이 시급하였다. 마음을 가다듬고 몸을 길들여 온전한 인격체를 이루고 볼 일이다. 더욱이 오늘의 일을 올바르게 해 나가자면 옛일에 비추어 볼 노릇이었다. 장래의 일을 꾀하자면 역사를 거울삼아야 될 일이었다.

> 오늘의 일이 의아스럽거든 지난 역사에 비추어 보라. 미래의 일을 알지 못하겠거든 과거에 비겨 보아라. 만 가지 일의

발생이나 현상은 그 형태나 과정에서는 다르지만 결국 법칙성에 있어서는 같게 귀결되며, 예와 이제를 통해서 일정 불변하다. … 하늘을 따라 애쓰는 사람에게는 하늘이 도와주고, 하늘에 거스르고자 하는 사람에게는 하늘이 버린다. 하늘의 도움은 보이지도 않고 작은 것 같으나 결국은 큰 것이다. 하늘의 버림을 받으면 일시적으로 내가 성공한 듯하나, 결국은 멸망하고 만다. 결국 순천자順天者는 공업功業을 이룩하게 마련이고, 역천자逆天者는 흉벌을 받게 마련이다.

공자孔子보다도 1세기 앞선 시대의 명저《관자》를 일찍 배우게 한 아버지 윤집형의 의도는 정작 관중管仲 같은 아들의 모습을 바랐기 때문인지 몰랐다. 기원전 7세기 제齊나라 재상으로 탁월한 정치수완을 발휘하여 제나라의 환공桓公을 패자霸者로까지 끌어올린 그 실적을 본받게 한다는 뜻이었으리라.

관중의 이상은 드높았다. 부국강병富國强兵의 경제정책과 법치주의法治主義를 강조하면서 국권 확립은 물론 그 어지러운 춘추전국春秋戰國 시대에 국위 선양에 주목할 만한 성과를 거두지 않았던가. 관중에 의하면 백성의 의지인 민심民心과 하늘의 뜻인 천심天心을 받들어 나라를 잘 다스리고, 나아가서는 천하를 평정하는 길에 있어서 어디까지나 덕으로써 천하를 바르게 다스린다는 데에 최종의 목적이 있었다. 말하자면 정천하正天下하는 것이 사람으로서의 가장 보람된 사명이었다.

윤관으로 하여금 그 길에 오르도록 한다는 것이 어른들의 교육 방침임은 더 말할 나위 없었다. 윤관은 앞날의 재상임과 아울러 전술과 전략에 누구의 따름도 허락하지 않는 드문 무장으로 급성장해 나갔다.

"너는 아느냐, 관중은 무력으로 천하를 누르는 사람을 패자霸者라 했고, 덕으로써 다스리는 사람을 왕자王者라 했던 것을? 제나라 출장입상의 관중은 패왕霸王을 목표해서 뜻을 이루었단다. 난역亂逆하는 무리는 무武로 누르고, 순복順服하는 사람은 문文으로 다스려야 한다고 했다. 그런 까닭에 문과 무를 겸비하는 것이 덕이라고 관중을 말한 것이 아니냐. 알겠느냐?"

"네, 아버님. 알겠사옵니다."

윤관은 높은 덕치德治를 이상에 두면서 낮이면 무예를 연마하고, 밤이면 사서四書와 오경五經에 몰두하는 나날을 기름지게 보냈다.

촉 없는 화살로 사냥

경기도 파주에는 이름 있는 약수터가 있었다. 파평산 기슭에 자리한 금강사의 약수터에서 소년 윤관은 새벽마다 그 약수를 마시며 청정한 마음을 길렀다.

금강사 일대로 말하면 시조 태사공으로부터 2세 공신공 · 3세 복야공에 이르는 3대가 대대로 세거해온 파평 윤씨의 정기의 진원지이자 성지요, 윤관 원수가 무예를 연마한 명소로 손꼽힌다.

뿐인가. 일찍이 태사공이 그곳에서 용마를 스스로 얻고, 무예를 단련했었다. 이 유서 깊은 사적지에 3세 상서성尙書省 좌복야 금강공金剛公이 사찰을 창건하도록 했으므로 공의 이름 따라 금강사가 되었다. 금강사 절터는 지금도 그대로 남아 있으며, 그 근처에 미타사彌陀寺가 자리잡고 있다. 지금도 미타사 경내에는 문숙공이 어린 시절부터 즐겨 마시며 무예를 단련한 것으로 알려진 약수터가 있고, 신선한 생수가 샘솟고 있다.

용연龍淵에서 탄생한 태사공이 성장하여 새 왕조 고려 창업에 무훈武勳을 빛낸 유허지에 세워진 금강사는 불교 전성시대에는 물론 조선왕조 때에도 중수重修되어 보존돼 왔다. 절터 그 일대는 문숙공 윤관 원수까지 4대에 이르는 호국의 얼이 감돌고 있는 듯하다. 태사공 이후 문숙공 대까지 유서 깊은 성스런 터전으로 고증된 미타사 경내의 유물로 돌부처가 모셔져 있기도 하다.

나이를 더해 갈수록 소년은 말타기에 시간 가는 줄 몰랐다. 창검과 활을 가지고 무술을 익혀 말타고 쏘아대는 화살의 백발백중함이 신기神技에 가까울 정도라, 문숙공의 뛰어난 무술은 파평 일대는 물론이고 조정에까지도 알려지게 되었다.

소년 윤관은 숲 속으로 사냥가기를 무엇보다 좋아했다. 그가 탄 용마의 말발굽은 경기도 일대에 이르지 않은 곳이 없었다. 윤관 소년은 동네의 친구들이나 몰이꾼들을 데리고 사냥 가기를 즐겨 겨우내 산판을 누비다시피 하였다. 숲 속에서 노루나 토끼 또는 멧돼지 따위를 보면 주위의 몰이군들은 소년에게 소리쳐 알려 준다. 그의 활 솜씨를 잘 알기 때문이다.

"도련님! 저어기 저…."

"아, 큰놈인걸요."

윤관은 벌써 활 시위를 당겼다.

"피엉!"

화살은 날랜 매와 같이 날아가 어김없이 표적물을 맞춘다. 그러나 화살을 맞은 짐승은 잠시 머뭇거릴 뿐 놀라서 더욱 빠른 속도로 도망치기에 바쁘다. 그가 쏘는 화살에는 촉이 달려 있지 않았다. 화살 끝에 날카롭게 만들어 붙인 쇠촉이 달려 있지 않으므로 그런 화살로는 짐승이 죽을 까닭이 없다.

"저런, 아깝게도!"

주변의 사람들은 아쉬운 듯 숨을 몰아쉬었으나, 윤관은 가볍게 웃음지을 뿐이었다.

"도련님! 이런 사냥은 왜 하세요?"

"왜 하냐구요?"

따라간 몰이꾼 중 누군가가 입을 연다.

"사냥이란 원래 짐승을 잡기 위해서 하는 것이 아니겠습니까? 그런데 도련님은 촉이 없는 화살을 쓰시니 아무리 맞혀도 짐승은 한 마리도 못잡게 됩니다. 잡지도 못하는 그런 사냥을 무슨 재미로 하십니까?"

"그건 내 뜻을 모르는 소리군!"

윤관은 점잖게 대꾸하였다.

"사냥을 하여 짐승을 잡는다면 그 고기나 가죽을 쓰기 위해서가 아닌가. 그런데 내가 사냥을 나와 활을 쏠 적마다 화살에 맞는 짐승을 모조리 잡는다면 그 고기와 가죽을 무엇에다 쓰겠소? 요긴하게 쓰지 않는다면 공연히 짐승만 죽이는 꼴이 되지 않겠소? 설혹 짐승이라 할지라도 필요없이 함부로 죽이기만 하여서는 안될 일이지. 이 좁은 나라의 짐승이란 짐승의 씨를 다 말려서 무엇이 좋단 말인가? 그러기에 나는 촉이 없는 화살을 쓰는 것이라오. 지금 내게 있어 필요한 것은 많은 짐승의 고기나 가죽이 아니고, 장차 훌륭한 무인武人이 되어 나라에 큰일을 하고자 활쏘는 솜씨를 익히고, 마음과 몸을 단련하는 것이라는 걸 몰라 주다니…"

윤관은 무예가 날로 출중해질 뿐 아니라 슬기로움에 어진 덕이 아울러 갖춰가고 있었다.

명문거족 윤문 대본영 파주

파평 윤씨의 발상지로서, 고려 시대가 낳은 세계적인 정복자 문숙공 윤관이 태어난 경기도 파주는 수도 개성에서 80리 거리에 있는 중요한 땅으로 참으로 유서 깊은 성소聖所라 할 수 있었다.

파평산이 자리 잡은 파주는 우리나라에서 가장 중앙 지대인 경기도에 위치한다. 역사상으로 보아도 고려 왕조와 조선 왕조가 천년을 두고 가까이 개성과 서울에 있었기에 산업과 문화가 발달되어 왔다. 오늘도 가까운 서울을 핵심으로 한국의 정치·산업·문화·교통의 중심지가 되어 있어 비교적 기름진 혜택을 입고 있다.

　이 파주시는 11개 읍면을 그 행정 구역으로 하고 있는데, 산수가 빼어나 명산・명사名寺・능陵・산성山城・서원書院 등 명승고적만을 헤아려도 이루 말할 수 없이 많은 곳이다. 이런 수많은 명승고적 외에도 파주 일대는 파평 윤씨의 사적이 도처에 자리 잡고 있다. 파평 윤씨의 발상지인 파평면의 용연은 말할 것도 없고, 문숙공이 자라나며 낮이면 무예를 익히고 밤이면 글공부에 몰두하던 금강사며, 출장입상의 자질을 연마하던 서기 어린 도량道場들이 널려 있다. 문숙공이 잠들어 이제 통일의 그날만을 지켜보고 있는 광탄면廣灘面의 분수원汾水院이 있는 곳도 바로 이곳이며, 여진의 애랑哀娘 곧 문숙공을 받든 여진의 웅이熊伊 곧 웅단熊丹이 원수의 뒤를 따라 순절했다는 슬픈 사연이 서린 낙화암落花岩과 웅담熊潭도 여기에 있다.

　역사적인 땅 파주는 원래 고구려의 파해평사현坡害平史縣이었는데 신라 경덕왕景德王 때에 파평으로 개칭되었다. 고려조에 와서도 여러 곳에 예속되었다가 파주라 불리우게 되기는 조선 왕조에 들어와서의 일이다.

　파주 서쪽에 월룡산月龍山과 성산城山이 있으며, 문제의 파평산은 북쪽 30리 지점에 있다. 파평산은 미라산彌羅山으로 알려져 있는데, 파평산 기슭에는 가연嘉淵이라고 하는 마담馬潭도 있어 왔다. 또한 파평산 아래에는 우포牛浦라는 포구가 있어서 물 근원이 적성積城 경계에서 나와서 임진강臨津江에 흘러든다. 이 우포 서편 언덕 위에는 궁궐 터도 있었다.

　인걸들은 흘러갔어도 자연은 예전 그대로다.

오늘의 임진강은 동족상잔의 슬픈 추억만을 여울에 담은 채 말없이 흐르고 있다. 강허리엔 6·25 전란의 상처를 그대로 말해 주는 듯 볼썽사나운 철조망만이 칭칭 감겨 있어서 파평면 일대는 삼엄한 방어진지가 되어 있는 느낌이다.

옛부터 고구려·신라·백제의 국경이 되어 역사적인 격전지이기도 한 이 임진강은 한강과 더불어 그 유역에 전국에서도 손꼽히는 넓은 경기평야의 젖줄이기도 하다.

지금은 비록 남북분단의 가슴 아픈 슬픔의 강으로 흐르고 있지만, 파주의 북방 17리 길에 있었다는 나루터에는 풍류가 감돌고 있었다. 또한 나루터 남쪽에는 임진정臨津亭이 있어 시인 묵객들의 발길을 멈추게 하였다.

옛 파평현은 파주의 동북방 30리 지점에 있었는데 문숙공의 묘소가 자리한 분수원 가까이에서는 광탄이 말없이 흐른다. 이 광탄은 파주 남방 10리 지점을 감싸 흐르고 있으나, 그 근원이 양주楊州 고령산高嶺山에서 나와 하류에서는 장보포長甫浦로 흘러든다.

여울 소리 목메이며 명경지수明鏡止水가 흐르는 광탄을 돌면 분수원에 이르게 된다. 분수원은 여말 공민왕이 홍건적을 피해 한때 머물던 곳이기도 하다.

이처럼 유서 깊은 고장에 인물의 사태가 났다고 할 수 있는 것은《신증 동국 여지승람新增東國輿地勝覽》만 보더라도 명약관하다 할 만하다. 그것도 파평 윤씨의 인맥이 파주목坡州牧의 고려 인물과 조선 인물란을 거의 독차지하고 있음을 볼 때 명문 거족名門巨族의 대본영大本營이요 성지가 바로 여기임을 실감하게 한다. 먼저 이 책에 수록된 고려 인물부터 엿보자.

 윤신달尹莘達 : 태조의 공신이었다.
 윤금강尹金剛 : 신달의 손자인데, 벼슬이 복야에 이르렀다.
 윤집형尹執衡 : 금강의 아들인데, 벼슬이 우복야右僕射에 이르렀다.
 윤관尹瓘 : 집형의 아들이고, 신달의 4대손이다. 문종조文宗朝 과거에 올라 여러 번 벼슬이 옮겨져서 형부상서刑部尙書에 이르렀다. 당시에 여진이 정주定州에 마구 달려와서 약탈하였다. 왕이 그를 동북면 행영 도통東北面行營都統으로 삼아 공격하여 쫓았다. 선춘령先春嶺에 이르러 경계로 하고, 9성을 설치하고 개선하였으며, 벼슬이 태보 문하시중太保門下侍中에 이르러 죽었는데 시호는 문숙文肅이다. 젊어서부터 학문을 좋아하여 책을 손에서 놓지 않았고, 장상將相이 되어 비록 군중軍中에 있을 때라도 항상 오경五經을 가지고 다녔다. 어진 이를 좋아하고, 착함을 즐겨함이 일세의 첫째였다. 뒤에 예종睿宗 묘정廟廷에 배향되었다.
 그리고 문숙공의 아드님 윤언이尹彦頤에 이어 윤인첨尹麟瞻·윤돈신尹惇信·윤상계尹商季·윤선좌尹宣佐·윤안숙尹安淑·윤척尹陟·윤승례尹丞禮 등이 있다.

용연의 옥함

 명문 거족인 파평 윤씨의 시조는, 왕건을 도와 고려를 창업케 한 태사공 윤신달 장군이다.

통일 신라 말엽인 9세기 중엽쯤의 일이다. 경기도 파평 땅에는 행적이 신출귀몰神出鬼沒한 한 노인이 살고 있었다. 노인은 딸 하나를 남긴 채 홀연 세상을 등졌다. 그녀의 이름을 윤오尹媼라고 하는데, 철이 들면서 신비로운 꿈을 꾸고는 했다.

폭풍우가 몰아치고 천둥 번개가 요란하던 어느 여름 날 그녀는 또 영험있는 꿈을 꾸었다.

파평산 기슭에 갑자기 용이 내려왔다. 그러자 이상하게도 그 요란하던 천둥 번개와 폭우가 뚝 그치는 것이 아닌가. 사람들이 모두 이상히 여겨 밖으로 나와 보니 거룡巨龍이 입에 거품을 물고 꿈틀거리고 있지 않은가. 그 용은 또 사람들을 향하여 파평산이 쩌렁쩌렁 울리는 소리로 말하였다.

"이제 머지않아 하늘에서 큰사람이 내려오리라."

참 상상도 못할 꿈 같은 일이었다.

이 일이 있은 뒤 얼마간의 시간이 흘러 때는 신라 진성여왕眞聖女王 7년인 서기 893년이 되었다. 이때 어언 할머니가 된 윤오 노파는 파평산 눌로리訥老里 소재 용연이라는 못 부근에 살고 있었다. 윤 노파 역시 그녀의 아버지를 닮아 도통술道通術이 있어 죽기 전에 아주 상서로운 무슨 일이 있을 것을 내다보고 있었다.

이렇게 앞일을 예감하고 살던 윤 노파는 부슬부슬 비 내리는 여름 어느 날 용연에서 빨래를 하고 있었다. 그때 난데없이 바람이 일더니 연못 속으로부터 옥함玉函 하나가 두둥실 떠 올라왔다. 이를 본 노파가 건지려 했으나, 그것은 다시 연못 깊숙이 들어가고 마는 것이 아닌가. 이상히 여긴 노파는 다시금 그 옥함이 떠오르기를 천신天神께 기도하였다. 이렇게 기도하기를 수삼일에 다시 옥함이 떠올라서 이번에는 가까스로 건져낼 수 있었다. 이에 노파는 옥함에 큰절을 한 뒤에 뚜껑을 열어 보았다.

이게 웬일인가! 뜻밖에도 그 속에는 갓난 어린애가 들어 있지 않은가. 옥동자는 찬연한 서기를 내뿜고 있어 눈이 부셨다. 이는 바로 노파가 평생을 두고 이제나 저제나 하고 기다리던 상서로운 기적이 아닐 수 없었다. 이날이 8월 15일이었다.

다른 문헌이 또 있다. 그날 따라 우뢰 소리가 천지를 뒤흔들며 큰비가 쏟아져 내렸다. 하늘은 먹구름에 가려 있고 안개가 매우 자욱해서 낮인데도 전후 좌우를 분간하기 어려웠다. 그런데 그 연못 용연에 이상한 옥함이 떠올라 있다는 소식에 접한 이 고을의 태수太守가 너무도 신기하게 여겨 현장으로 달려가 보았다.

때마침 뇌성벽력과 함께 폭우가 쏟아지면서 문제의 옥함은 연못 한복판으로 들어가 그 자취를 감추었다. 얼마 후 안개가 걷히고 비가 멎게 되자 다시 옥함이 물 위에 떠올라 건져내 가지고 열어 본즉 놀랍고 신기하게도 옥동자가 서기를 찬연하게 발산하고 있지 않은가.

이러한 전설을 안고 파평 윤씨의 시조 태사공은 한 인간이자 이 세상에 눈부신 빛으로 왔다.

윤오 노파는 옥동자를 품에 안고 기쁨에 겨워 어쩔 줄 몰랐다. 옥함에서 나온 동자의 얼굴은 문자 그대로 융준용안隆

準龍顔이었다. 양쪽 어깨에는 붉은 사마귀가 나란히 있어 해와 달을 상징하고, 좌우 겨드랑이엔 81개의 번쩍이는 비늘이 돋아 있을 뿐만 아니라 발에는 또한 일곱 개의 검은 점이 흡사 북두칠성의 형상과도 같았다.

범상치 않게 여긴 윤노파는 이 어린애를 거두어다가 정성을 다해 기르며 자기의 성대로 '윤尹'이라는 성을 붙여 주었고, 신달이라 이름했다.

고려 초기에는 대개 왕의 사성賜姓에 따라 무수히 많은 씨족의 시조가 나오게 되나, 파평 윤씨의 경우는 초자연적인 과정을 거쳐서 윤씨 성을 세상에 처음으로 드러내게 되었다.

윤신달은 윤노파의 사랑과 정성으로 무럭무럭 자라났다. 자라나면서 날로 기골이 장대해지고 재주가 뛰어나 주위 사람들을 놀라게 한 적이 한두 번이 아니었다. 그는 곧 같은 또래의 아이들과 노는 것이 시시해졌고, 혼자서 글을 읽거나 무예를 익히는 데 열중하였다. 나이가 좀더 들자 그는 파평산 금강사 그 일대를 무대삼아 밤낮을 가리지 않고, 수련에 몰두하게 되었다. 또한 파평산 한 봉우리 꼭대기의 치마대馳馬臺에서는 말타기와 활쏘기를 익혔는데, 지금도 가보면 그가 말을 달리던 모습을 상상하기 어렵지 않게 해 준다.

이 치마대에는 원래 철마鐵馬가 다섯이나 있었다고 한다. 그것은 윤신달이 장성하여 사랑하며 타고 다니던 말이 갑자기 죽자, 그 비통함을 억누를 길 없어 쇠로써 말을 만들어 두었던 것이라고 전한다.

《파주읍지坡州邑誌》에 의하면 치마대는 '태사 윤신달이 궁마弓馬를 연마하던 곳'이라고 씌어 있다.

치마대의 내력은 이러하다. 윤신달 장군이 파평산에서 말을 달려 개경開京 조정에 조회하러 들어갈 때 그 빠르기가 마치 하늘을 나는 용과 같았고, 강을 건너면 물이 저절로 갈라졌다 하여 후세 사람들이 이름지어 무예를 익히던 파평산의 한 봉우리를 치마대라 했고, 그 나루터를 여음진如飮津이라 불러 왔다. 여음진은 오늘의 임진강臨津江에 있다.

파평산 아래 시퍼런 용연 못이 훤히 열리면 윤씨가 번창하고, 메이면 쇠한다는 전설이 있어 왔다. 그래서 세월이 흐름에 따라 모래와 흙으로 메일 때마다 파내었으며, 그 연못가에는 비석을 세워 태사공 신달공의 탄생에 대한 내력을 기록하고 있다. 이 용연이야말로 파평 윤씨의 발상지로 천고의 신비와 전설을 담뿍 담은 성스런 터전이다.

그런데 오늘의 용연은 살벌한 요새로 철조망에 둘러 싸인 채 휴전선을 눈앞에 두고 민족 분단의 아픈 가슴을 앓고 있다. 장단이 1킬로인 이곳에 '파평 윤씨 용연坡平尹氏龍淵'이라는 기적비紀蹟碑 하나가 세워져 있는데 6·25 전란 때의 무수한 탄환 흔적이 분단된 민족의 상처로 얼룩져 있다.

고려 창건의 막후 실력자

용의 기상도 새로운 윤신달은 이 금강사 일대와 치마대에서 문무를 닦으며, 용맹무쌍하면서도 덕성스런 길을 걷고 있었다.

스물이 넘자 그는 청운靑雲의 꿈을 품고 전국 산천을 방랑하다가 어떤 인연으로 어느 재상宰相의 문객門客이 되었다.

가뭄이 계속되는 어느 무더운 여름날이었다. 그 재상은 왕명을 받들어 기우제를 지내게 되었다. 제문祭文을 짓는데 좋은 글귀가 떠오르지 않아 고심하던 참이었다.

곁에서 이를 지켜 보던 신달은 잠시 눈을 감더니 곧 일필휘지로 제문을 써 내려갔다.

> 임금과 신하에게 죄가 있으면 마땅히 재앙을 달게 받겠사오이다. 어찌해 초목까지 말라 죽게 하시옵니까.
>
> 宜君臣之有罪甘受災殃奚草木之無知等荄爲熱

재상은 놀라움을 금치 못하여, 이 젊은 문객을 바라보았다.

"놀라운 솜씨의 실력이군! 저토록 뛰어난 문재文才가 세상에 어디 있겠나!" 하면서 재상은 청년 신달을 극구 칭찬하였다.

그날로 신달은 재상의 천거를 받아 출세의 첫발을 내딛게 되었다. 그는 맡는 직책마다 아주 잘해내어 주위의 평판이 좋았고, 공을 이룰 때마다 그의 지위는 높아갔다. 그러나 세상은 난세였다. 백제와 고구려가 신라에 의하여 멸망하였다고 하나 민족이 통일된 것은 아니었다. 당나라 세력을 가까스로 몰아내기는 했지만, 국내 정세가 말이 아니었다. 신라 왕실은 비틀거리기 시작했고, 그 무렵 왕실에 반기를 들고 일어난 궁예弓裔의 세력과 견훤甄萱의 세력이 날로 번창해 갔다.

이른바 통일 신라의 강토가 군웅할거群雄割據 시대에 접어든 것을 지켜보는 신달 청년으로서는 그대로 보고만 있을 수 없었다.

그는 고려 태조 왕건을 도와서 태봉泰封의 궁예를 멸망시키는 결정적인 역할을 하기에 이르렀다. 청년 윤신달 장군에게는 꿈이 있었고, 소망이 있었다. 민족과 국토의 완전 통일을 이룩하여야 하며, 그 통일된 나라에서 뜻있는 지도자들이 실권을 쥐고 누적된 어려운 문제들을 해결하여 백성들이 잘 살도록 하고, 밖으로 국위를 선양하며, 안으로 국태 민안國泰民安한 가운데 삼한 통일三韓統一의 보람을 실현하고자 함이었다.

서기 918년(왕건의 나이 42세), 즉 후백제 27년, 후고구려 18년에 접어든 해 봄에 26세의 윤신달 장군은 강원도 철원鐵圓 일대의 전선에서 후고구려 진영에 몸담게 되었던 듯하다.

본래 왕건은 궁예의 부하였다. 궁예의 포악이 날로 더해가고 왕건의 인물됨이 솟아나게 되자 궁예를 그대로 둘 수 없었다. 왕건을 죽이려던 궁예의 속셈을 알아차린 왕건의 막료幕僚들이 먼저 재빨리 궁예를 쳐 무찔렀다. 궁예가 주색에 빠져 있다가 부하들이 쳐들어온다는 소식에 "왕건과 윤신달이 무리를 지어 공격해 온다니 나는 이제 끝났다." 하고 탄식하면서 도망치다가 백성들에게 무참한 최후를 마친 것은 잘 알려진 이야기다.

윤신달 장군의 부인은 문화 유씨文化柳氏 흑산 장보림黑山長普林의 따님으로 알려져 있는데 유차달柳車達의 누님이며, 장절공壯節公 신숭겸申崇謙의 부인이 동생이라고 전한다. 태사공의 장인 어른인 보림은 천궁이라는 이름을 가지고 있었으며, 그의 할아버지는 해평산海平山 장무선長茂先이고, 증조는 진부振阜였다.

왕건 태조가 3국을 평정하고 조회 때 시신侍臣들에게 "삼한 평정에 태사공 윤신달 장군의 공이 컸다."라고 치하했던 것은 그의 빛나는 업적을 못 잊어서였다.

윤신달 장군은 유금필 등과 함께 왕건을 받들어 삼한을 통합한 공로로 벽상 삼한 익찬공신壁上三韓翊贊公臣 2등에 책봉되었고, 그후 그의 관직은 삼중 대광태사三重大匡太師의 직위에까지 올랐다.

이때에 태조는 공신을 4등급으로 나누었는데, 1등 공신에 최응崔凝 · 배현경裵玄慶 · 신숭겸申崇謙 · 복지겸卜智謙 등 5인, 2등 공신에 윤신달 · 유금필 등을 비롯한 12인, 3등 공신 10인, 4등 공신 2인으로 모두 29인에 이르렀다.

왕건 태조를 도와 태사공이 개국공신으로 새 왕조 고려를 세운 것은 선견지명先見之明이었다. 그러나 왕건의 삼국통일 완수도 순조로운 것은 아니었다. 궁예를 축출하였고, 견훤과도 치열한 전투를 치르지 않으면 안되었다. 여기에서도 왕건이 승리할 수 있었던 것은 결코 우연한 일이 아니었다. 신라의 마지막 왕실을 지켜 주는 한편 왕건은 발해의 유민조차도 따뜻이 맞아들여 안주시켰다.

이와 같이 왕건의 정치이념은 적대하는 정권을 단순히 타도하는 것이 아니라 그들의 귀부歸附를 받아들여 후삼국의 통일을 견고히 하는 데에 있었다. 이러한 왕건의 관용과 후덕에 의한 통일노선은 후삼국의 통일이라기보다 고구려의 통일을 민족의 통일로 삼으려는 전제가 되었다.

한편, 탁월한 전략가요 외교관이며 출중한 정치가였던 왕건으로서는 지방행정에 등한할 수가 없었다. 중앙관中央官을 지방에 파견하여 정사政事에 임하게 하는 방침을 세웠다.

그러나 서기 944년 고려 태조가 승하하고, 2세 혜종惠宗이 등극하였다.

이때 윤신달 장군은 개국공신으로서 동경東京[慶州] 대도독大都督에 임명되었다.

당시 동경 대도독부와 서경西京[平壤]인 옛고구려 도읍지에는 조정에서 가장 신망이 높은 중신重臣을 보내게 되어 있었다. 혜종은 등극하자 안심이 되지 않았던지 서경에는 가까운 왕족을 보내는 한편, 동경 대도독부에는 태사공을 보냈다.

신라의 서울인 동경의 대도독이라는 중책을 맡게 된 태사공은 고향 파평을 떠나 머나먼 객지 경주 대도독부로 부임하였다.

태사공은 용모가 장대하고 인물된 그릇이 비범하여 중앙 정계의 시새움을 받기도 했지만, 신라 유민에 대하여 선정善政과 덕치德治로 일관한 관계로 팔순 고령에 이르도록 만 30년의 세월 동안 대도독의 자리를 지켰다.

특히 문숙공 어머니의 할아버지가 되는 신라의 마지막 왕인 경순왕이 고려에 투항할 때 그 아드님 마의태자麻衣太子를 위시하여 중신 다수가 결사 반대하고 나섰다. 화랑도 정신이 투철했던 청장년층에 신라 고수파가 많았던 것은 물론이다.

그러나 태사공이 신라 유민의 본거지인 동경에 대도독으

로 부임한 이래 현지 주민들의 반란이 전혀 없었던 사실로 미루어 보아 태사공의 통치 역량을 가히 엿볼 수 있다.

태사공이 경주 땅 동경 대도독으로 부임할 때는 52세로 고려 조정에서 가장 덕망이 높은 문무 겸전의 인물로 알려져 있었다. 태사공이 동경으로 떠난 뒤 아드님으로 문숙공의 증조 할아버지가 되는 공신공은 엄친의 생전에는 송도松都를 떠나지 못하였다.

고려 혜종 또한 그렇게 신임하는 태사공을 보내면서도 신라의 유민이 많은 지역이어서 만일을 염려하여 외아들인 공신공을 개성에서 떠나지 못하게 하였다. 태사공이 동경으로 부임하여 30년을 하루같이 대도독으로 재임하다가 81세로 하세下世하도록 부자 상봉의 기회는 드문 편이었고, 자유로운 것도 아니었다. 태사공을 뵈러 공신공이 간혹 동경에 가기도 한 것 같으나, 부자 모두가 30년간이나 각지 동경과 송도에서 객지생활을 해야 했다.

새 왕조는 섰으나, 사실상 신라 유민으로 고려에 적대시하고 불복하는 반항심을 품은 사람들이 적지 않은 실정이었다. 이로써 미루어 보면 대도독으로 태사공의 통치가 얼마나 홀륭한 인정仁政이었느냐를 알 수 있다. 30년이나 조정에서 그 요직에 태사공을 유임시킨 것만으로도 태사공은 목민牧民 위주의 정치에 일관하였음을 알게 한다.

광종光宗 24년, 즉 서기 973년에 태사공이 서거하기까지 그동안 신라 유민들을 잘 다스려 고려의 충성된 백성으로 선도善導했기 때문에 고려의 통치는 안정될 수 있었다.

한편 태사공의 독자 선지공先之公은 공신호功臣號까지 받

기는 하였으나, 이렇다 할 관직에 등용되지 못한 채 생전에 자유스럽게 아버님을 뵈러 가기도 어려운 가운데 개경에 머물러 있었다.

선조의 뜻 마음에 새기며

태사공 윤신달 장군은 지금의 경주인 동경에서 만년을 쓸쓸히 지내다가 광종 24년인 서기 973년에 81세를 일기로 여생을 마치고, 경주에서 그리 멀지 않은 영일迎日 기계杞溪의 구봉산九峰山 기슭에 안장되었다. 파평 윤씨 시조 태사공 시향은 해마다 음력 10월 초하루 봉강재鳳岡齋 선영에서 봉행되어 온다.

한편 《정북사靖北祠 사현실기四賢實記》에는 윤신달의 시호가 소양昭襄이라 적혀 있다.

시조 윤신달 장군의 외아들이며 윤관 원수의 증조가 되는 파평 윤씨 2세 공신공 선지는 일찍이 아버지 태사공을 따라 고려 태조를 도와 삼한三韓을 통합하는 데도 혁혁한 공을 세워 벽상 삼한 익찬공신壁上三韓翊贊功臣이란 공신호까지 받은 개국공신이었다. 그러나 이렇다 할 별다른 관직은 없었다.

당시 제도로 살펴보아 공신호를 받게 되면 당연히 관직도 함께 받는 것이 상례인데, 당시 정계의 세력 분산 방침에 따라 공신공은 개경에 인질로 머물게 된 탓이다. 그리고 공신공의 배위는 무송 유씨茂松庾氏로 태사공과 함께 고려 개국공신이었던 유금필의 따님이었다.

태사공의 손자이며, 문숙공의 할아버지가 되는 파평 윤씨 3세 복야공 윤금강은 관직이 상서성 좌복야에까지 이르렀고, 그의 묘소는 풍덕豊德 식현리食峴里에 있는 아버지 공신공 묘소 바로 앞에 위치하고 있다. 그 배위는 첫째 부인이 정丁씨이고, 둘째부인은 개성 왕王씨인 것만 밝혀져 있으며, 이들도 함께 복야공 묘소에 합장된 것으로 알려지고 있다.

　복야공 금강은 젊었을 때부터 파평산중에 깨끗한 정사精舍를 지어놓고 기거하였는데, 그 모양이 흡사 절과 같이 기묘하여 후일 어느 스님에게 물려주었고 그의 이름을 본따 금강사라고 불려졌다.

　윤금강에 관하여《관동고사關東故事》에는 "금강공이 고려조에 아침 저녁으로 들어 직무를 맡아 보면서도 금강사를 항상 잊지 못하고 놀러 왔는데, 공은 천리마를 타고 홀연히 아침 저녁으로 나타났으니, 그 민첩하기가 신神과 같다"고 되어 있으며, 또《동국여지승람東國輿地勝覽》에도 고려 인물로 파주목坡州牧에 수록되어 있고, 《파주읍지坡州邑誌》에는 "윤금강은 신달의 손자로서 관직이 복야僕射에 이르렀고, 금강사는 윤금강의 거실居室인 바, 그 법당인즉 별당으로 쓰던 곳이다. 윤복야가 이를 나중에 중에게 주었으므로, 그 이름을 절 이름으로 하였다"고 기록되어 있어 후에 미타사가 되었다가 다시 이씨·성씨가 맡아 온 재사齋祠는 처음 금강공이 지었다는 사실을 뒷받침하고 있다.

천리장성 밖으로 펼치는 뜻

윤관은 이러한 할아버지들과 어버이의 가르침을 받았다.

문숙공의 아버지로 파평 윤씨 4세인 문정공 윤집형은 관직이 검교 소부 소감 상서성 우복야檢校小府小監尙書省右僕射에까지 이르렀다. 문정공의 부인은 경주 김씨로 알려져 있다. 선대로부터 창업 공신의 혈통을 지킨 명문 거족에 대하여 고려 왕실로서는 신라 왕실 계통과의 정책 결혼을 주선해야 할 정도로 우대하는 형식을 갖춘 듯하다.

학문에 남달리 조예가 깊던 문정공이 경순왕의 손녀를 부인으로 맞이한 것은 태사공 이래 번창하는 가세에 개인 사찰을 창설할 만한 큰 집안의 위명이 안팎으로 널리 선양된 데 있었을 듯싶다. 더욱이나 문숙공의 아버지 윤집형 자신이 인격과 학식을 겸비한 인물이었던 관계로 신라의 구황실舊皇室에서 청혼해 왔을 수 있기도 하다.

문숙공의 어머니 경주 김씨는 그 부친이 시중侍中 은열殷說이요, 조부는 신라 경순왕 부傅이며, 증조는 이찬伊湌 벼슬을 지낸 바 있는 효종孝宗이라고 전해지는 점으로 보아 명문의 규수임에는 틀림없다.

세기적인 정복자 문숙공의 성장은 이러한 선대의 피와 얼을 이어 받아서인지 퍽 놀라운 과정을 거치게 되었다.

어른들을 따라 어린 소년의 몸으로 고조 할아버지 산소에 성묘를 하고 온 뒤로는, 평소에 이야기를 들어오기만 한 윤관에게 이미 1백년 가까이나 전에 유명을 달리한 태사공의 모습이 꿈에 나타나 보이기도 했다. 한번은 태사공이 "너는 누구보다도 큰사람이 되어라. 내 보기에 너의 힘이 나라에 크게 쓰일 때가 조만간 오리라. 너는 나라에 알맞는 땅을 천리장성 밖에서 구하라. 삼한이 통일되어 개국되었다 하나, 이 한반도는 너를 만족시키기에는 너무나 작구나"하고 눈물을 흘리면서 현손을 껴안았다.

소년에게 새로운 결의를 다져 준 계시였다.

2. 푸른 용

화랑정신의 용광로

소년 윤관은 동양 역사 공부에도 열심이었지만, 고조선 이후 고려 통일에 이르는 역사에 관한 문헌도 되도록 자주 찾아 읽는 노력을 기울이고 있었다.

윤관은 소년 시절과 청년 시절을 통하여 우리나라 역사에 남달리 큰 관심을 가지고 깊은 이해를 하게 되었다. 집안에 전해 내려오는 이야기를 통해서 또는 먼지 낀 역사 문헌들을 통해서 그는 참으로 무서운 의기를 키울 수 있었다.

철들 무렵의 윤관은 어머니로부터 밤낮으로 많은 역사 이야기를 들을 수 있었다. 어머니 김씨 부인은 신라 경순왕 김부의 손녀인 관계로 신라 왕조의 말로에 따른 경주 김씨의 운명에 대하여 너무도 잘 알고 있었다.

일찍이 신라 이찬 효종을 증조 할아버지로 하여 신라 왕조의 마지막 왕 경순왕을 할아버지로 둔 어머니는 아버지인 시중 김은열의 사적이며, 친정인 신라 왕조의 마지막 역정에 대하여 귀에 못이 박이도록 들어왔다.

윤관이 감수성이 예민한 나이에 이런 가르침을 받았고 보면, 그 가르침은 어느 틈엔지 그의 좌우명이 되었고 화랑정신의 용광로가 되었다.
 또한 아버지 문정공은 저 고구려의 전성시대로부터 말문을 열어 삼한 공신 태사공 시조의 큰 업적을 상기시키며, 가까이는 강감찬 장군에 이르기까지 빛나는 역사적 위업에 대하여 많은 이야기를 들려 주며 아들 윤관의 의기를 돋우었다.
 "임금다운 임금으로 고구려에 두 분이 있다."
 자주 들어 온 이야기가 되어 윤관이 참견한다.
 "그야 광개토왕이 첫째이고, 그 아드님 장수왕이 둘째지요."
 "그렇다. 저 만주 벌판이며, 중원中原이 우리의 강토였다. 이것은 순전히 고구려 백성들의 하늘을 찌를 듯한 용맹무쌍한 기백을 두 대왕이 펼친 결과가 아니겠니…."
 광개토왕의 웅대한 왕업王業, 장수왕의 호쾌한 야망이야말로 윤관의 마음을 휘어잡고는 했다.
 부왕父王의 뜻을 받들어 장수왕은 고구려의 판도가 만주대륙의 요하遼河와 흑룡강黑龍江에서 한반도 전역임을 알고, 3국통일을 전제로 수도를 평양성으로 천도했다. 옛서울인 북쪽의 국내성國內城과 남쪽의 한성漢城의 중앙인 평양성으로 3경三京을 창설하고, 필생토록 나라의 영토를 넓히기에 쉬는 날이 거의 없었다.
 98세의 기록적인 수壽를 누리며 재위 78년 동안 장수왕은 부왕인 광개토대왕에 이어 고구려의 전성기를 이루었다.
 '광개토대왕과 장수왕, 그리고 김유신 장군의 큰 뜻에 고조 태사공 어른의 유지를 받들어야 한다!'
 윤관의 가슴은 자못 뜨거웠다.
 거기에다 강감찬 장군은 그 말만 들어도 피가 솟구칠 듯만

싶었다. 강감찬 장군 이야기 끝에 문정공이 힘을 주어 말한다.

"사람은 한 번 태어나 한 번 죽는다. 강장군처럼 사나이답게 사는 것이 중요하다. 그러나 이에 앞서 나 자신의 인간이 완성되어야 한다. 먼저 내 몸을 닦고 집안 일을 거들며, 사회를 위하고 나라를 위하는 몸가짐이 시급하다. 국가에서 중용하든 아니 하든 최선을 다해야 한다. 사람이 글을 배우는 것은 충의忠義를 지키려 함이다. 알겠느냐?"

"네, 명심하겠습니다."

아버지 문정공이 말을 계속하였다.

"나라의 기틀을 기울지 않는 군건한 바탕 위에 세워라. 곡식들은 메마르지 않도록 풍성하게 창고에 쌓아 두어라. 재물들이 바닥이 나지 않게 무진장 국고에 저장하라. 샘터에서 물이 흘러 내리듯 순리로 영을 내려 퍼지도록 하라. 백성들을 기용하되 헛되게 벼슬자리를 쟁탈하는 일이 없게 하라. … 항구성恒久性이 없는 일을 일시적으로 처리하지 마라. 다시 되풀이할 수 없는 일을 즉흥적으로 행하지 말라. 백성들로부터 수탈을 하지 않으면 백성들이 나라에 대해 원한을 품지 않을 것이며, 백성들을 속이지 않으면 아랫사람들이 이웃사람에게 친근감을 갖게 될 것이다. 이것이 다스리는 자의 비책秘策이란다. 너는 앞으로 이런 치도治道에 벗어나지 않도록 힘쓸 일이다. 명심하거라."

"네!"

윤관의 입은 굳게 다물어져 있었다.

인격 갖추는 무예 단련

이제 10대 시절의 윤관 소년은 야외운동이라든가 단련이라는 면에서 충분히 사내다웠고, 마술馬術은 실로 훌륭하였다. 경기도 잘하였고, 무예 솜씨도 일품이었다. 장거리 답파도 빠르기 그만이어서 마을 사람 누구든지 놀라움을 금치 못하였다.

"바람 같은 소년 장수지 뭐야."

소년으로서 그 하는 일이 늠름하고 민첩하여 많은 사람을 감탄시켰다. 윤관은 언제나 당당한 기상이 넘쳐 흘렀다. 아주 사나운 말을 대담하게 길들인 소년 장수였다. 용기와 결단력을 여러 가지 모양으로 나타내며 좀처럼 흔들리지 아니하였다. 그러면서 누구에게도 구애받지 않으려 했다.

윤관의 나이 어느덧 15세가 되어서였다. 15세라고는 하지만, 보통 사람의 20세쯤은 되어 보이는 숙성한 청년이었다. 그러자 딸을 가진 사람들은 너나 할 것 없이 윤관을 볼 때마다 사위를 삼았으면 하고 침을 삼키고는 했다.

이윽고 여기저기서 혼처가 나섰으나 인연이 그렇게 되려고 했던지 딴 곳은 다 물리쳐 버리고, 상장군 이성간李成幹의 딸인 국대부인國大夫人 인천 이씨仁川李氏로 결정이 되었다. 배필 역시 이제 15세 무렵의 어린 나이지만, 이미 성숙한 몸으로서 신부되기에 조금도 손색이 없었다. 더욱이 부덕을 쌓은 현숙한 여성인데다 그 미모 또한 아주 후덕하고 아름답기 그지없었다. 천생 연분이라는 말이 있듯이 진정 신랑·신부는 모든 것이 어찌 그렇게도 어울리는지 몰랐다.

윤관 신랑에게 그 아내는 큰 내조자가 되었다. 더구나 이씨 부인과의 슬하에 튼튼하고 우람한 일곱 아들과 두 딸을 두었는데 이 자녀들 또한 윤관 원수를 닮아 매사에 출중했다.

부인 역시 남편을 위해서도 사리 판단이 정확하였고, 때로는 놀라운 조언자이기도 했다. 운명을 결정할 중요한 시기에 그 선택에 있어서 아내 이씨의 의견에 따르는 것을 윤관은 주저치 않았다. 여하튼 부인의 의견은 항상 슬기로웠으며, 빈틈이 없었다.

태사공 윤신달 고조 할아버지의 가훈家訓에 따른 가풍은 문숙공의 인간 형성에 적지 않은 영향을 미쳤다. 평소에 문무쌍전의 덕을 쌓으며 인격을 가다듬어 오던 청년 윤관은 영산靈山 파평산을 끼고 금강사에서 치마대 일대는 물론 근처 평원 일대도 쏜살같이 누볐다.

청년은 그야말로 동에 번쩍 서에 번쩍하였다. 발만 떼었다 하면 벌써 5, 60리요, 달렸다 하면 수백 리를 단숨에 오갔다. 그것은 마치 돌풍 같은 위세였다. 윤관은 간혹 처가에 가서 장인 어른을 뵈올 때도 바람같이 날쌔게 왕래하고는 했다.

그런 그에게는 천마 페가수스 못지 않은 애마가 있었다. 그 애마는 흡사 창공을 날으는 용과도 같았다. 가뜩이나 날랜 윤관 청년에게 그의 용마는 금상첨화격이었다. 이런 사위에게 상장군 이성간은 지난날 전투 경험에 의한 전략과 전술의 실제를 가르쳐 주기도 했다. 이에 윤관은 청년 사관靑年士官답게 힘과 슬기를 아울러 갖추기 시작하였다.

전성시대 향한 수행

윤관 청년이 문무겸전의 높은 덕행德行과 큰일을 도모해 나가는 재예才藝를 연마하기는 파평산 기슭과 깊은 관계가 있다. 파평산 금강사에서도 한창 올라가 거의 정상에 다다르면 파죽정破竹亭이라 하는 정자터가 있었다. 전설이지만 언제부터인가 파평산 기슭 금강사에서도 가장 깊숙한 곳 암자에 한 도인道人이 숨어 살고 있었다. 윤관이 그 선생의 문하에 든 것은 약관 무렵부터였다. 그는 매우 도道가 높고, 초연한 신선 같은 위풍으로 윤관 청년을 훈도하였다.

"설령 정복자의 용마가 있다 하더라도 용마를 모는 마음이 문제이다. 세상의 모든 보화를 다 소유한다 하더라도 마음이 흐려 가지고는 아무 쓸데가 없다. 어진 마음으로 사리를 알고 슬기롭게 살아가야 한다."

스승은 경세가經世家의 마음가짐부터 소상하게 가르치기 시작했다.

"만물을 생육生育하는 하늘과 땅같이 공평무사公平無私하게 만민을 포섭하고 사랑해야 하며, 만물에 고루 빛을 밝히는 해나 달같이 고루 만민에게 은덕을 베풀어 주는 것이 충신의 절도라 하겠다."

윤관은 말할 수 없는 감동을 받았다. 만민萬民을 다스리는 길이 대낮처럼 밝아지는 듯했다.

"일단 치밀한 군사 계획을 수립하고 유사시에 군사행동을 일으키기로 정했으면 절대로 '천시天時'와 '지리地利'를 놓치거나 헛되게 해서는 안 된다. 전국의 정치를 밝게 알지 못하면 그 나라를 정복할 수가 없는 법이고, 전국의 사정을 밝게 알지 못하면 그 나라에 대해 출병을 해서는 안 되며, 적의 장군에 대하여 밝게 알지 못하면 그에 앞질러 군사를 움직여서는 안 되고, 적진의 병사들에 대하여 밝게 알지 못하면 앞질러 병사들을 풀어 포진해서는 안 된다. 결국 전투에 있어서는 충분한 사전 계획을 세워서 언제나 내 나라의 많은 수를 가지고 적은 수의 적을 격파할 것이고, 잘 다스려진 내 나라의 힘으로 흩어진 적국을 칠 것이며, 내 나라의 풍부한 재정이나 물자를 활용하여 빈약한 적국을 격파할 것이고, 내 나라의 앞선 무력을 가지고 전투 능력 없는 적국을 격파할 것이며, 충분히 훈련된 내 나라의 군사들을 가지고 오합지졸인 적국의 군대를 격파할 것이다. 이렇게 하면 열 번 싸워 열 번 다 이길 것이고, 백 번을 싸워 백 번을 다 이길 것이다. 그렇다면 세상에 싸워 질 전쟁은 없을 것 아닌가. 하긴 질 싸움은 하지 않아야 한다. 반드시 이기도록 싸움을 유도하는 비책秘策이 중요하다."

"역대의 명군·명장들은 적과 싸워 지는 일이 별로 없고, 이기기만 하였는데 이제야 그 이유를 얼마간 알 것도 같사옵니다."

윤관이 말하자 스승은 더욱 열띤 목소리로 제자에게 일렀다.

"그렇다. 적국의 정치 형태, 사회 정세, 군 지휘자 및 병사들에 대한 제반사를 충분히 탐지하고 분석하고 평가하여 이에 대한 전투대책을 강구해야 한다. 그리고 전쟁은 항상 이기는 전쟁만 하라. 그 요결은 다른 데 있지 않다. 다수로 소수를 치고, 단결된 힘으로 흩어진 적을 치며, 부강으로 빈약한 적을 치고, 성능 좋은 무기로 무력한 적을 치며, 훈련된 군대로 오합지졸을 격파하는 일이다. 그리고 또 전략가는 다음과 같이 해야 한다. 아군이나 적군이나 적군 양측의 지리에 정통해야 한다. 향도를 세우고 십장을 잘 장악해야 한다. 매일같이 군수 물자를 잘 계량해야 한다. 군사들을 한마음 한몸으로 묶어야만 한다. 천하의 정보를 넓게 탐지하고 있어야 한다. 그리고 임기 응변에 대처하는 기묘한 술책을 지니고 있어야 한다. 이상이 군사 지휘관이 할 일임을 명심하라."

스승의 가르침은 절실하기 이를 데 없었다.

윤관 청년은 집안 어른들을 통하여 역사에 대한 식견을 끊임없이 넓혀 왔다. 여기에 파죽정의 스승을 통한 우리나라 역사에 대한 새로운 학습은 그가 후일 나라의 중추 인물이 되게 하는 바탕을 마련하기에 충분하였다. 이런 제자를 둔 도인 스승은 우리나라의 역사에도 탁견을 가진 분이었다.

윤관은 특히 고구려 역사 대목이 이르면 힘이 솟구쳤다. 고구려의 강역과 그 전성에 대한 스승의 강론은 청년을 무척 감화시켰다.

말을 마칠 적마다

"지난 날 고구려 전성시대가 우리 고려에서도 와야 한다. 고구려의 뜻을 받들어 건국한 고려의 이념이 무엇이겠느냐?"

이렇게 묻는 스승의 가르침을 통하여 마음의 결의를 새롭게 하는 윤관이었다.

청년 윤관은 새벽부터 밤늦게까지 스승의 파죽정에 머물 때도 없지 않았다. 깊은 밤중에 집으로 돌아와서 스승으로부터 배운 무술이며 글공부를 다시 익히는 것도 잊지 않았다.

특히 우리 역사의 교훈과 위인들의 행적을 음미해 보기를 거듭하여, 윤관의 역사적 식견은 날이 갈수록 풍부해질 수 있었다.

상승일로 청룡의 계단

고려 시대는 신라 시대와 단계적으로 구별되는 중요한 변화가 있었다. 광종 9년의 과거제도科擧制度의 창설이었다.

윤관은 국왕이 친히 실시한 복시제에 장원 급제하였으므로 평소의 실력이 공인되어 그 영광은 컸다.

하지만 기쁨보다도 만난을 헤쳐 나가야 할 시름이 앞서기만 했다. 대장부다운 웅지를 어떻게 펼쳐야 할지 걱정이 앞서는 것도 어쩔 수 없었다.

문종 갑인시甲寅試에 등과한 윤관은 곧 조정으로부터 장사랑 비서동정將仕郎秘書同正에 배수되었고, 얼마 후 습유拾遺, 곧 간관諫官이 되었다. 윤관은 출사出仕에 앞서 파평산 스승을 뵈었다.

그는 제자에게 타이르기를 잊지 않았다.

"세상엔 반드시 잘 되는 일만 있는 것이 아니다. 국가나 사회가 망하는 아홉 가지 항목을 잊지 말라. 이들 사회나 국가가 패망하는 아홉 가지 독소 조항은 다음과 같이 간추릴 수 있다.
 ① 비전사상非戰思想
 ② 막연한 박애사상博愛思想
 ③ 비겁할 정도의 수명 보전壽命保全
 ④ 개인주의와 이기주의
 ⑤ 우매한 대중주의
 ⑥ 물질 만능과 배금주의拜金主義
 ⑦ 찰나적 향락주의
 ⑧ 뇌물과 청탁주의
 ⑨ 허위와 아첨주의

그대는 이런 폐습에 빠지지 않도록 각별 유념하기 바란다."
윤관은 고개를 조아리며 묵묵히 듣고만 있었다.
마지막으로 스승은 윤관 청년에게 타이른다.
"그대는 덕과 지혜와 용맹을 지닌 천고의 명장이 되리라. 그러나 용장勇將이 지장智將만 같지 못하고, 지장이 덕장德將만 같지 못하며, 덕장이 복장福將만 같지 못하다는 옛 성인의 말씀을 잊지 말아라. 그런데 그대에게는 용맹과 지혜와 재덕을 다 겸비하였으되 신상에 액이 많을 듯하니 특히 복을 닦는 데에도 게을리하지 말아다오."
"선생님, 복은 어떻게 닦사옵니까?"
"예로부터 영웅 호걸들이 지智·용勇·덕德을 갖춘 경우는 많았으나, 그들이 크게 성공하고 못하는 것은 지혜와 용맹에 달린 것이라기보다 복에 달린 것이었다. 복이란 행운과 다르다. 사내 대장부가 세상에 나아가 큰일을 하려면, 나라의 일 다운 일을 하려면 먼저 큰 복을 닦는 법이다. 그대는 그만한 지혜와 용맹과 재덕을 갖추고 있어 복을 닦게 되면 신상의 모든 액운을 다 때우고 나라를 구제할 수 있으리라."

"그러면 그 복을 닦는 방법을 가르쳐 주옵소서."

"큰 복을 닦는 주요 요건은 '나'를 없애는 데 있다. '나'라는 자존심과 자만심을 송두리째 내버려야 한다. 생각해 보아라. 사슴은 뿔로 인하여 그 몸을 망치고, 범은 가죽 때문에 그 몸을 죽인다. 사람은 나를 위하다가 결국 자기를 죽인다. 나만을 위한 부귀다, 공명이다, 권리다 이런 것이 곧 나를 찍어 죽이는 도끼가 되기도 한다. 그대는 앞으로 공을 얻게 되면 남에게 밀어주고, 남이 잘못을 범하거든 스스로 뉘우치게 하며, 생명이 있는 그날까지 그대 자신을 위하여 살지 말고 언제나 크게 남을 위하여, 나라를 위하여 살아야 한다."

"선생님 명심하겠사옵니다. 그 다음에 어떤 복덕福德을 쌓으오리까?"

"또 한 가지 꼭 닦아야 할 것이 지성심至誠心이다. 지극한 정성의 마음, 이것만이 이 세상 모든 것을 이루며, 모든 어려운 일을 이겨 나가게 된다. 지성스런 마음은 능히 천지 신명을 감동시킬 수 있고, 산천 초목도 움직일 수 있다. 지성심만 있고 보면 세상에 무슨 일을 이루지 못하며, 무슨 어려운 일인들 이겨내지 못하겠나? 그러니 복덕의 성취를 위하여 '나'를 없애고, 지성심을 닦아야 하느니라."

말을 마친 스승은 노자의 《도덕경道德經》과 《금강경金剛經》 그리고 《법화경法華經》 등 세 권의 책을 윤관 청년에게 넘겨 주었다. 《금강경》을 외우되 보살이 모든 중생을 다 주도했다는 생각을 내지 않는다는 마음을 닦으라 함이었고, 《법화경》

중 특히나 〈관세음보살 보문품觀世音菩薩普門品〉을 익히며 관세음보살이 대자대비大慈大悲의 마음으로 온갖 지혜의 방편을 다해 중생을 구제하고 교화하기 위하여 32종의 몸을 나타낸 대불들의 보살도菩薩道를 알라 함이었다. 노자의 《도덕경》을 암송하며 성인聖人의 도는 천지 자연의 도에 화합하여 만물을 나타나게 되었다는 생각이 없고, 세상을 위하여 큰 공로를 지었으며, 그 공로를 지었다는 생각조차 없다는 도를 깨치라 함이었다.

스승은 광채가 눈에 서린 윤관을 한참 동안 정시하고 나서
"그대 앞길에 이 나라의 운명이 좌우되리라."
하고 의미 있는 한 마디를 던진다.
"자, 이제 물러가거라. 우리는 이제 헤어질 때가 왔다. 자 어서 가거라."

윤관은 큰절을 하며 스승과 눈물겨운 이별을 하였다.

애마 청룡에 오른 윤관은 파평산을 뒤로 하고 질풍같이 내달았다. 청룡은 벌판을 가로지르고, 임진강을 건너 나는 듯이 개경에 득달하였다.

청운靑雲의 계단에 오르기 시작한 윤관은 문종·순종順宗·선종宣宗·헌종獻宗 연간에 순풍順風에 돛을 단 듯 크고 작은 벼슬길에 올라 대업의 준비과정을 착실히 거쳤다.

1084년 선종 1년에 예빈주부禮賓主簿로 시사試士가 되었고, 이듬에는 좌습유 지제고左拾遺知制誥에 제수되었으며, 1086년 전중급사殿中給事가 되어 서경유수 판관西京留守判官으로 부임하게 되었다. 습유와 전중급사를 거쳐 간관이 되기는 이듬해 선종 4년이었다.

윤관의 직위는 점차 승진하여 조정에 깊숙이 관여하게 되었다. 푸른 용, 곧 청룡의 기상으로 줄기차게 상승일로를 달릴 뿐이었다.

3. 벼슬길

천하대사에 충성어린 진언

 벼슬길에 올라 개경開京 관아와 대궐에 드나들게 된 윤관은 그러나 지극히 겸허하였다. 뒷날 세자의 스승이 되기도 하지만, 누구에게나 스스로를 낮추며 어진 덕성을 생활해 나가려는 높은 인격자였다. 장수다운 위풍도 당당했지만, 좀처럼 자신을 내세우지 않는 선비의 본보기였다.
 그 무렵 윤관 장군은 유교와 불교에도 아울러 깊이 통달해 있었다.
 관직에 나간 문숙공은 누구를 대하나 극진하였고, 충의忠義와 인자함이 두드러졌다. 큰일을 위하여서는 대의大義로써 진충보국盡忠保國하려는 결의가 새로웠고, 나라를 위하여는 큰공을 세울 만한 범상치 않은 기백이었다.
 1087년 선종 4년 12월 합문지후閤門祗候로 광충청주도廣忠淸州道 출추사出推使가 된 윤관은 보궐補闕을 배수받았고, 그 4년 뒤인 1091년에는 전중시어사殿中侍御史에 제수되면서 국왕 선종으로부터 비금어대緋金魚袋가 하사되었다.
 그러나 1094년 문숙공은 시사가 되고 이부 원외랑吏部員外郎에 올랐는데 5월에 선종이 그만 승하하고 말았다. 재위 11

년 만에 선종이 타계하자 원자 욱툘이 헌종으로 즉위하였다. 그해 12월 조정에서는 문숙공에게 상서이부 원외랑尙書吏部 員外郞이라는 벼슬을 더하도록 임명하였다.

소년의 몸으로 즉위한 헌종은 병약하여 병상에 드는 때가 많아 제대로 정사에 임할 수 없는 형편이었다.

그래서 이듬해 1095년 10월, 소년왕은 대숙大叔 계림공鷄林公에게 선위禪位하기로 작정하였다. 이때 12세의 헌종은 선언하였다.

"계림공 희熙 작은아버지를 받들어서 대위大位를 잇도록 하오. 짐은 마땅히 후궁後宮으로 물러나서 잔명殘命 보존이나 하리다."

이에 가까운 신하들에게 명령하여 계림공을 맞이하게 하였다. 계림공은 선종의 아우였다. 문종 8년인 1054년 7월 태생으로 당년 42세였다. 문숙공보다는 네 살 연하였다.

이자의李資義의 반란 수습에 공이 큰 계림공은 왕위를 이어받는 일에 굳이 사양하였지만, 신하들이 두세 번이나 찾아가 조른 뒤에야 마지못해 중광전重光殿에서 즉위하였다. 1095년 10월 8일의 일이었다. 고려 제15대 숙종肅宗 명효대왕明孝大王의 등극이 이러하였다.

헌종의 선위로 제15대 고려 왕이 된 숙종은 윤관 장군을 불러들였다. 북진정책을 염두에 두어 좌사랑중 시어사左司郞中侍御史로 10월 9일에 임용하고 나서 겨울 밤도 꽤 깊어가는 어느 날 숙종이 먼저 말문을 열었다.

"대장부로 태어나서 경세기재經世奇才를 지니고 있으면서 어찌 헛되이 한직에서만 늙을 수 있겠소? 원컨대 장군은 천하 장래를 생각하여 짐의 노둔함을 깨우쳐 주시오."

윤관은 진지한 자세로 고개 숙여 진언한다.

"그러시다면 대왕께서 하시려는 바를 소신께 들려 주시옵소서."

숙종은 기쁨에 넘쳐서 자리를 더 가까이 하게 하고 옥음玉音을 내린다.

"고려 왕실이 실제로는 누란累亂의 위기에 처하였고 문신배들이 저마다 날뛰는데, 짐의 힘이 모자라서 나라의 평온을 구하고자 하나 지술智術이 부족하여 앞으로 쉽게 이뤄질지 속단하지 못하고 있소. 오직 공이 짐의 불민함을 깨우쳐 주고 극복책을 말한다면 실로 천만다행한 일인 줄 아오."

한참만에 윤관이 말문을 연다.

"거란이 우리의 옛 영역 만주를 점령한 이래 그 일대는 주인이 없어졌습니다. 천리장성 밖 함경도 일대의 실지失地 회복은 물론 옛 고구려 강토를 찾음으로써 진실로 대업을 이룰 수도 있고, 고려 왕실이 한번 일어설 수 있는 길이 눈앞에 있습니다. 그러하오니 대왕께서는 언제든 인화人和를 실현하셔야 합니다. 그래야만 고구려 옛 강토를 회복할 수 있을 것이옵니다."

숙종은 이 말에 자리에서 일어서며 기쁜 기색으로

"공의 말은 여태까지 짐이 마음속에만 막연히 품고 있으면서 심히 답답해 하던 것을 속 시원히 꿰뚫어 주었고, 짐으로 하여금 구름과 안개를 헤쳐 청천靑天을 바라보게 하였소."
라고 하였다.

이 한 마디 숙종대왕의 명쾌한 언질이야말로 문숙공의 슬기로운 힘이 고려 왕실의 번영을 이룰 수 있게 한 계기였다. 숙종은 윤관의 손을 잡으며 나라를 위하여 끝까지 최선을 다해 달라고 당부하였고, 윤관도 사양할 수 없는 대업인 이상 쾌락하기에 이르렀다.

이후 숙종은 시간이 있을 때마다 윤관을 가까이 했다. 때로는 연회도 베풀면서 밤을 낮삼아 천하대사天下大事를 숙의해 나갔다.

외교활동에 괄목할 공적

1095년 겨울 헌종의 퇴위에 따라 숙종이 즉위하기에 즈음하여 윤관은 좌사랑중 시어사左司郎中侍御史로서 외교의 장도에 오르게 되었다. 그에게 처음으로 주어진 막중한 외교임무는 요遼나라와의 관계를 정상화하는 데 있었다.

좌사랑중 시어사 윤관이 헌종의 종표宗表를 받들어 요나라에 다녀오는 외교적인 나들이는 형부 시랑刑部侍郎 임의任懿와 동행이었다. 이들 고려의 외교사절은 헌종이 병으로 정치에 임할 수 없어 신왕 숙종에게 양위하게 된 경위와 아울러 숙종이 즉위하는 축의만을 전달하는 데 그치는 것이 아니었다.

말 그대로 고려 조정의 특사 자격을 띤 외교임무를 부여받고 있었다. 앞으로 숙종이 펼쳐 나갈 정치적 대업의 판도를 구획짓는 선결책을 마련하고자 함이었다. 강대한 이웃나라와 선린을 맺는 대책을 세우는 한편 언제인가 밀어낼 것은 정벌해야 한다. 상서이부 원외랑에 좌사랑중 시어사인 윤관에게 그런 외교중책이 맡겨진 것은 그의 감춰진 수완을 조정에서 알고 있었던 데 있다.

그해 10월 9일 윤관 좌사랑중 시어사가 형부시랑 임의와 요나라로 떠날 무렵까지 고려의 요나라에 대한 관계는 매우 미묘하기만 했다. 한 마디로 너무 멀리 할 이웃나라도 아니요, 너무 가까이 할 이웃나라도 아닌 그런 관계에 있었다.

그 동안 요나라와의 대외관계는 매우 빈번해 왔다. 1089년부터 5년간 9월마다 요나라에서는 사신을 보내와 선종의 생신을 축하하였다. 왕의 생신인 천원절天元節에 요나라의 사신을 맞이하여 잔치하는 일이 연례 행사처럼 되어 있었다.

황제의 나라로 요를 받든다 함이 고려가 교린하는 예우였다. 이러한 근래의 대요對遼 관계를 머리에 되새기며 형부시랑 임의와 국경을 넘어 요나라에 접어들게 된 좌사랑중 윤관은 대륙의 찬바람 드센 낯선 이역에서 신기한 문물文物에 접할 때마다 호기심도 새로웠다.

임의 역시나 마찬가지였다. 개경보다도 드센 찬바람이 대륙의 벌판을 휘몰아쳤다. 밖에 나와서야 숨을 돌리며 지난 정변에 관심도 보였다.

"좌사랑중, 몇 달 전 이자의의 반란 평정만 하여도 아슬아슬한 고비가 아니었던가요?"

임의가 윤관의 의중을 떠 보았다.

"국통國統을 세우자면 어찌할 도리가 없는 일이리다, 형부시랑."

"그러나 윤관 좌사랑중은 이자의 무리를 복주伏誅한 금상

폐하의 공로를 어떻게 보시오?"

"왕통王統을 지킨 공로자일 뿐 아니라 앞으로 반드시 큰일을 도모할 대왕으로 나는 믿고 있소."

이자의 반란이란 다른 것이 아니었다.

그해 1095년 7월에 선종이 상서尙書 이석李碩의 딸을 왕후로 삼아 왕을 낳았고, 또 시중 이정李廷의 딸 원신궁주元信宮主에게서 한산후漢山侯 균均을 낳았던 것인데, 헌종이 어리고 병약하여 국정을 처결하지 못하므로, 모후母后가 국사를 전담하자 좌우들은 그 사이에서 어리둥절해 있었다. 중추원사中樞院使 이자의는 원신궁주의 오빠로 재물을 탐내며 날쌔고 용맹있는 무리배들을 모아서 말타기 · 활쏘기를 일삼았다. 항상 말하기를 "지금 임금은 병이 있어 아침에 어떨지 저녁에 어떨지 모르고, 밖에서 왕위를 엿보는 자 있으니, 너희들은 한산후를 힘껏 받들어서 신기神器〔왕위〕를 딴 사람에게 돌아가지 않도록 하라." 하고는 했다. 그리고는 군사를 궁중에 모으고 장차 일을 꾀하려 하였다. 계림공鷄林公 희熙가 명복궁明福宮에 있다가 몰래 알고 소태보邵台輔에게 효유하기를 "국가의 안위安危가 재상에게 달렸는데, 이제 일이 급하니 공은 도모하라." 하였다.

당시 사람들은 "선종은 사랑하는 아우가 5명이나 있었는데도, 어린 아들에게 왕위를 맡겨 변란이 일어났다."고 수근거렸다.

이 변란의 평정으로 숙종이 즉위하고, 이 소식을 알리고자 두 특사가 요나라로 향하게 된 길이었다.

"국왕께서 북진정책을 내세우는 어진 임금이 되리라고

보오."

윤관의 소신있는 말에 임의는 회의적이었다.

"고려의 힘으로 북방의 강적들을 물리칠 수 있으리까?"

"반드시 가능하리다. 웅략을 펼치기만 하면…."

윤관 좌사랑중이 얼마 뒤 힘차게 일갈한다.

"군관민軍官民이 한마음만 되면 북방정벌을 통한 대고려는 기대할 만할 것이오."

요나라 황실에 당도한 윤관·임의 고려 특사는 곧 요의 도종道宗을 만나 뵙고,

"이번에 새 왕이 즉위했나이다."

하며 그들을 도종 앞에 공식적인 외교문서와 선물을 바쳤다. 왕은 미소를 머금은 채 고려의 국운國運이 번창하기를 빌고, 두 나라 관계가 더욱 긴밀해지기를 당부해 마지않았다.

윤관의 첫 외교 행각은 성공적이었다. 고려와 요나라 양국의 우호증진에 적지 않은 성과가 있었다.

두 달 만인 그해 12월 윤관과 임의는 요나라 왕의 회소回詔를 받들고 국경을 넘어 조정에 돌아오게 되었다.

두 사람은 그동안의 두 나라 관계가 이제 더욱 고무적으로 된 것을 생각하면 적이 흡족하여 귀국하는 발걸음도 가볍기만 했다. 이미 두 집의 자녀들이 결혼하여 가정을 이루고 있었으므로 그들은 자별한 사돈 관계였다.

임의와 함께 요나라에 사신의 일을 마치고 1095년 12월 13일에 귀국한 윤관은 숙종대왕 어전御前에 나아가 상세히 아뢰었다.

좌사랑중 윤관이 먼저,

"대왕 마마, 요나라에서는 대왕의 등극을 충심으로 경하해 마지않았습니다. 앞으로 우리나라가 우호관계를 유지해 나가는 것이 현책이라 봅니다."
하며 요나라 왕의 회소를 바쳤다.

임의도 이번에 고려 사신으로 다녀온 의의와 성과가 컸음을 개진하였다. 숙종대왕은 두 특사에게 경의를 표하며 치하해 마지않았다.

숙종은 곧 윤관에게 어사 벼슬을 정식으로 내리며 지수주사知樹州事에 제수하기도 했다. 이듬해 왕은 동궁 시강원 학사東宮侍講院學士에 윤관을 임명하면서 비로소 고려 숙종시대의 막을 올렸다.

숙종대왕으로 말하면 어려서부터 총명하고 슬기로우며 자라서는 효도하고 공경하며, 부지런하고 검소하며, 웅걸스럽고 굳세어 과단성 있고, 오경五經·제자서諸子書와 사서史書를 해박하게 열람하지 않은 것이 없었다. 문종이 사랑하여 항상 말하기를,

"뒷날에 왕실을 부흥시킬 임자는 너로다."
하였다.

한편 병약한 상왕 헌종은 14세로 세상을 등지는 몸이 되고 말았다. 1097년 윤2월 19일이었다. 전왕前王 헌종이 돌아가자, 3월 26일에 은릉隱陵에 장사지냈다.

절실한 국력 배양

숙종 즉위 얼마 뒤에 동궁 시강원 학사가 된 윤관은 이제 고려 왕실의 앞날을 도모하는 참으로 막중한 일을 맡게 되었다. 그것은 앞날에 왕위에 오를 세자의 교육이었다.

왕이 될 사람의 특수교육은 인격과 학덕을 완전히 갖춘 윤관 학사에게 적격이 아닐 수 없었다. 윤 학사는 원자元子가 태자로 책봉되기 앞서 숙종 초부터 그 교육에 몰두해 왔다.

숙종의 장자 우俁가 왕태자로 책봉되기는 1100년 1월이었다. 문종 33년 1079년 태생으로 당년 32세였다. 어려서부터 사려 깊고 침착하며 도량이 넓었다. 평소부터 글을 좋아한 우를 결코 문약에 흐르지 않도록 성장시킨 것은 동궁 시강원 학사의 노고가 반영된 결과였다. 청년시절의 세자를 화랑정신에 젖어들도록 밤낮으로 감화한 결과, 장차 예종이 되는 왕자의 마음을 굳세게 단련시켰다.

문숙공은 기회 있을 적마다 아뢰었다.

"동궁 마마, 우리 고려 왕조가 확고한 기반 위에 민족과 국토를 통일하고 국권을 반석 위에 다져 놓고 있는 것은 사실이나, 옛 고구려의 강역을 우리의 것으로 회복해야 하옵니다. 지금 대왕께서도 이 문제에 중점을 두고 계십니다만, 아직 준비가 덜 되어 있사옵니다."

세자의 눈은 빛이 나고 있었다. 문숙공은 가끔 되풀이해 온 문제이지만, 고려 창업주 왕건 태조의 북방정책으로부터 설명해 나가기에 다시금 열을 올려야 했다.

"… 문제는 거란군契丹軍의 침탈이었습니다. 고려 왕조가 세워지고, 1세기 못미처 외세의 말발굽에 짓밟히는 위기가 몇 차례 있었는데, 거란군의 1차 침입 때는 서희徐熙의 힘으로 진압되었고, 2차 침입에 고려군이 30만 대군으로 적군 40만과 대치하게 됐을 때는 강감찬 장군이 이를 격퇴했습니다."

윤관은 왕세자에게 서희의 이야기를 유독 재미있게 들려주었다. 서희는 고려 초기의 공신이었다. 고려 왕조는 창건 직후부터 대륙 관계에 민감하지 않으면 안 되었다. 처음 얼마 동안은 태평스런 국제 관계였으나, 고려 북방에 점차로 큰 세력이 마련되면서 위협과 침략을 받을 우려는 금할 길이 없었다. 그 무렵부터 고려의 대외관계는 거란과 여진의 문제로 시련을 겪어야만 했다.

담략이 남다른 정치가인 서희는 19세 때 과거에 급제하였다. 젊은 나이면서도 그는 외교 담당으로 외국에 드나들기를 즐겼고 간관으로 왕을 보필하였으며, 무엇보다 달변으로 외적을 설득시켜 싸우지 않고 물러가도록 하여 승리를 거둔 것이 그의 역사적인 업적이었다.

서희는 역대 외교사에 있어서 최대의 성공이라 할 과업을 이루었다. 10세기 말에 쳐들어온 20만 거란의 대군을 손톱 하나 다치지 않고 즉석 담판으로 격퇴시켰을 뿐만 아니라 청천강과 압록강 사이의 완충 지대까지 고려의 땅으로 만들어 버린 것이 그의 빛나는 공적이었다.

당시에 강세인 거란과 싸울 수 없는 고려로서는 황주黃州 이북의 땅을 떼어 주고 강화하자는 따위의 타협안도 나왔지만, 서희는 거란 장수와 담판하여 실로 놀라운 성과를 거두었다.

993년인 성종成宗 12년 소손녕蕭遜寧을 장군으로 한 거란군이 고려에 쳐들어왔다. 급보에 접한 고려는 지금의 평안도로 나가 침입하는 거란에 대처하였다. 이에 왕이 "누가 적진에 들어가 세 치의 혀로써 적군을 물리쳐 만세에 공을 빛낼 수 있느냐?"라고 묻자 그 중대한 임무를 감당하겠다고 나선 서희였다. 이 담판을 계기로 담략있는 서희의 외교 수완과 분명하고도 정대한 논리, 성의있는 태도는 높이 평가되었으며, 종래 잃고 있던 압록강까지의 영토 영유권을 인정받기에 이르렀다.

이듬해 성종 13년 고려 조정에서 서희와 소손녕 간에 맺은 협정을 확인하는 글을 보내었으며, 안북부로부터 압록강 동쪽에 이르는 2백 80리에 걸친 땅에 성을 쌓고 조빙朝聘의 길을 열게 됨으로써 고려에 좀더 유리한 국면을 전개시켜 주었다.

그해 994년부터 3년 동안 서희는 곽주郭州·안의安義·흥화興化·선주宣州·맹주孟州 등지에 성을 쌓고 나서 998년 생애를 마쳤다.

문제의 소재를 명확히 보살핀 서희의 국제적 안목은 국난을 미연에 막았을 뿐만 아니라, 도리어 강토를 넓히는 금상첨화錦上添花의 기적을 달성하였다. 서희의 수완은 남북 대립시기에 한반도의 지위에 정당한 인식을 가져오는 데 기여한 성공적인 대책이 아닐 수 없었다.

능변의 전략가 서희는 고려의 유능한 충신으로 58세로 생애의 문을 닫기까지 실로 많은 업적을 남긴 터였다.

강감찬 용장의 위업

한편 강감찬은 어려서부터 학문을 좋아하였고 남달리 지략이 뛰어났으며, 성종 때에는 과거를 보아 갑과 제1인자로 뽑혔고 나라에 벼슬하여 예부시랑禮部侍郞까지 승진하였다.

현종顯宗 원년인 서기 1010년에 거란의 성종은 스스로 장수가 되어 40만 대군을 거느리고 쳐들어 와서 서경을 공격하였다. 고려가 패하였다는 보고에 군신들은 항복할 것을 의논했으나 강감찬은 이에 반대하고 다음과 같이 말했다.

"오늘 일에 대한 잘못은 강조康兆에게 있는 것이므로 근심할 것이 아닙니다. 다만 많은 무리를 작은 군사로 대적할 수 없으므로, 마땅히 그 날카로운 칼날을 피하였다가 서서히 부흥을 도모하는 것이 옳을 것입니다."

드디어 그는 왕에게 권하여 남행하여 복주로 피하도록 하였다. 복주는 지금의 나주羅州다. 그런데 그 다음 해 정월에 적도들은 서울에까지 들어와서 종묘와 대궐을 불태우는 등 행패가 말이 아니었다. 이에 사신을 보내 화친을 청하자 외적들은 물러갔다. 고려로서는 송나라와는 친교를 계속하고 요나라와는 표면상 사신을 보내어 그때그때 적당한 구실을 붙여 원만히 나가려고 하였다. 어쨌든 두 나라의 관계는 점점 악화일로를 걷고 있었다.

고려 현종 9년(1018) 12월 거란의 성종은 고려 침략을 결의하고 이에 소배압蕭排押이 병사 10만으로 쳐들어왔다.

당시에 강감찬은 서북면 행영 도통사西北面行營都統使가 되어 있었는데 왕은 그를 상원수上元帥로 삼고, 강민첨姜民瞻을 부원수로 삼아 적을 치게 하였다.

이에 그들은 군사 20만 8천 3백 명을 거느리고 나가 영주寧州에 주둔시켰다.

강감찬은 흥화진興化鎭에 이르러 기병 1만 2천 명을 뽑아 산 속에 숨기고, 큰 줄로 쇠가죽을 꿰어 성의 동쪽 큰 시냇물을 막아놓고 기다리다가, 적들이 여기 이르자 막았던 물을 터놓고 숨겨 놓았던 군사를 일으켜 적을 크게 쳐부수었다.

그 다음 해인 1019년 정월에 강감찬은 거란족이 서울에 침략하므로, 병마판관兵馬判官 김종현金宗鉉으로 하여금 1만 명을 거느리고 들어가서 막게 하였다. 이에 거란족은 군사를 돌이켜 연위주漣謂州에 이르렀다. 이때 강감찬 등은 적을 급습하여 5백여 명을 베어 죽였다.

2월에 거란족이 귀주龜州를 지나갔다. 이때 강감찬 등은 적을 동쪽 성 밖에서 맞아서 싸웠는데, 두 군사의 힘이 서로 비슷하여 승부를 가리기 어려웠다. 깃발이 북쪽을 향하여 나부끼자 고려 군사들은 이 형세를 틈타서 힘써 싸워 용기가 저절로 더하자, 거란의 군사는 북으로 도망하였다.

고려 군사는 적을 뒤쫓아 크게 쳐부수며 석천石川을 건너 반령盤嶺에 이르렀는데, 적의 죽은 시체가 들을 덮었고, 사로잡은 사람과 말과 무기는 그 수를 헤아릴 수 없었다.

이 싸움에서 살아 돌아간 거란병은 불과 수천에 지나지 않았다. 고려군과의 싸움에서 거란군이 이처럼 크게 참패한 일은 일찍이 없다.

"이처럼 강감찬 장군은 귀주대첩龜州大捷으로 이 나라를

누란의 위기에서 구하였습니다. 이 귀주 싸움 뒤에 다시는 거란이 침입하지 않았습니다. 고려에 강감찬 장군이 있는 한 싸움을 걸어 보았자 패할 것임이 자명함을 알았기 때문이지요. 강감찬 장군은 지략을 겸비한 용장일 뿐 아니라, 대세를 제대로 파악한 정치가였습니다. 문무 겸전의 강 장군은 시세에 타협하거나 굴하지 않는 강직한 성격의 소유자이셨습니다."

동궁에게 가르치는 문숙공의 말은 불을 뿜는 듯 열기에 차 있었다.

"동궁 마마, 그러나 서희나 강감찬만한 위대한 인물들이 언제나 있는 법은 아니랍니다. 인재가 있다 하여도 이를 바로 중용치 아니하면 나라에 큰 손실이옵니다. 그런 만큼 군주는 인물을 알아보아 중용함에 밝은 덕을 펴야 합니다."

왕태자는 문숙공의 가르침에 완전 몰입되어 있었다.

"그래서 천리장성을 쌓게 된 것은……."

하고 문숙공이 역사적 사실을 밝혀 나간다.

거란과의 수차에 걸친 전쟁이 끝난 후 오랫동안 평화가 계속되어 전쟁의 피해가 점차 회복됨과 동시에 정치·사회적으로도 안전과 융성의 시대가 왔다. 토지가 적극적으로 개간되고 인구가 증가되어 농업생산이 증가되었으며, 이에 따라 수공업과 상업도 발전되어 갔다.

"그러니 외성外城으로 천리장성을 쌓고서야 겨우 한숨을 놓고 다소간 국운國運이 평정되기는 했다지만, 결코 안심할 상태가 못 되옵니다."

"그것은 어찌된 연유입니까?"

"거란보다 더욱 강대한 세력이 여진입니다. 천리장성만으로 여진을 막기는 어렵습니다."

사실이 그러하였다. 고려와 북방 이민족과의 관계에 있어서 거란과의 접촉은 태조 때로부터 시작되었다. 거란은 사신과 이에 달려 낙타를 보내면서 친선을 도모하였으나 태조는 이를 묵살하고, 여전히 무도한 나라라고 못박았다. 그리고는 발해의 유민을 받아들이고 서경을 중요시하여 북진정책을 후대 여러 왕에 계승시켰다.

이처럼 거란과의 관계가 충돌이 심하다가 가까스로 평화가 수립될 무렵 새로 고려를 괴롭힌 것은 여진이었다. 고려가 덕종 2년(1033)부터 정종 10년(1044)에 이르기까지 12년의 많은 세월에 걸쳐 축조한 압록강 입구로부터 동해안의 광포廣浦에 이르는 천리장성은 거란뿐만 아니라, 여진에 대비하기 위한 목적도 있었다.

그러나 천리장성을 뛰어넘어 만리장성에까지 미쳐야 하는 국력을 배양해야함을 윤관은 동궁 시강원 학사로서 태자에게 늘 암시하고는 했다.

의천과 주전도감 설치 주도

새로 왕위에 오른 숙종의 총애를 받아 그 원년인 1096년부터 왕세자를 직접 가르치게 되면서 윤관 학사는 쇠로 돈을 만들어 쓰자는 전법을 건의하여 왕의 윤허를 받아내고, 주전도감을 설치하는 데 기여하였다.

지금으로부터 905년 전인 1097년 고려 숙종 때 화폐가 만들어져 통용되기 시작하였다. 거기에는 윤관 좌사랑중의 역할이 크게 영향을 미쳤다. 윤 좌사랑중과 대각국사大覺國師 의천義天의 주력으로 주전화의 유통이 가능하도록 왕명에 의하여 주전도감이 설치되었다.

국내 산업의 발달과 물화 교역의 융성은 외국의 송나라, 요나라 화폐의 영향과 더불어 주전의 필요성을 절실히 느끼게 하였다. 특히 왕실 출신인 대각국사 의천과 같은 스님은 이미 장문의 주청奏請을 헌종께 올려 실시를 간청했다. 의천은 앞서 송나라에 건너가 유학할 때 그 나라에서 화폐 유통의 실제적인 편리를 체험도 하였고, 더욱이 그가 사숙하던 항주杭州 혜인원慧因院의 정원 법사淨源法師가 한편으로는 해상海商과 교류하면서 경제적 기반과 세력을 가지고 있었음에 비추어 그 감화를 받은 점도 있었다. 이에 그는 귀국 후 10년에 이르는 숙종의 즉위를 계기로 하여 〈청주전표請籌錢表〉를 올려 화폐사용의 여러 가지 이점을 지적하였다. 이에 윤관 학사가 나서서 숙종께 주청하자 그 당시 참정관 곽상郭尙이 나서며 반대하였다.

그후 며칠이 지나서였다. 숙종은 갑자기 문무백관을 모이게 하고는 특사로서 외국의 실정을 시찰하고 돌아온 윤관이 제출한 주전법을 친히 보완하여 그 내용을 전부 낭독하고 곧 시행토록 명령했다. 그리하여 그 담당 기관인 주전도감이 1097년 12월에 설치되고, 이어 1102년인 숙종 6년 8월에는 마침내 1만 5천관의 '해동통보海東通寶'가 만들어져 유통되기에 이르렀다.

숙종 7년에 '해동통보'를 주조한 후에 처음으로 용전의 사실을 태묘에 고하였다는 기록이 보인다. 왕은 돈을 쓰기 시작한 사유를 태묘와 8릉에 고했으며, 백관은 표表를 올려서 축하하였다. 은병과 아울러 보조화도 많이 만들어 사용케 하였다.

　이때 위정자는 전화錢貨의 사용을 장려하기 위하여 수도인 개경에 좌우 주무酒務를 관설하고, 또 계급의 존비를 막론하고 자유롭게 경내京內 시가 양측에 상점을 사설하도록 하였다. 주전도감을 설치하여 주재하면서 경제통으로서 화폐정책을 펴나가는 윤관의 보람은 컸다.

　숙종 3년 3월에 동궁 시강원 학사로 발탁된 문숙공은 장차 왕위에 오를 태자를 가르치기에 심혈을 기울이다가 7월에 송나라에 건너가 외교활동을 벌이면서 송나라 문물에 대한 시찰을 주의 깊게 할 수 있었다.

　외교 사신으로 왕명을 받들어 정사 윤관, 부사 조규趙珪는 송나라로 말을 달렸다. 윤관 정사의 두번째 국외 출장은 뒷날 북진정책 수립에 큰 도움이 되었다. 윤관·조규 특사는 송에 입조한 뒤, 지난 봄 고려 왕실에 태자부太子府를 세워 사위嗣位한 것을 알림과 동시에 송나라 철종哲宗에게 숙종의 글을 올렸다. 외교 활동은 1년 가까이 걸렸다. 두 나라의 전통적인 우의를 돈독하게 할 뿐만 아니라 문화교류에도 크게 기여할 수 있었다. 윤관은 응제시應制詩를 지어 당대 중국의 문장과 재예를 겨루었다. 그리고 송대의 거학 정이천程伊川과 시로써 실력의 자웅을 겨루기도 했다.

　이듬해 6월 12일이 되어 윤관 정사는 조규 부사를 대동하고 송으로부터 환국하였다. 송제宋帝 철종은 그들 편에 고려 숙종 앞으로 조칙詔勅을 보냈다. 처음 숙종의 즉위를 요나라에 알리고, 다음 태자의 사위를 송나라에 전달한 두 차례에 걸친 외교활동은 후일 여진을 정벌해 나가는 데 있어서 말할 수 없는 큰 힘이 되어 주었다. 문으로 다스리고, 무로써 대적해 나갈 만반의 대책을 세울 수 있었기 때문이다.

오늘의 서울, 남경 열고

송나라에 파견된 윤관은 외교 임무를 마치고 11개월 만인 이듬해 1099년 6월 무사히 귀국하였다. 돌아오기 두어 달 앞서 외교활동 중인 그에게 때아닌 우간의대부右諫議大夫 벼슬이 내렸다.

숙종 4년(1099) 4월 26일에 왕이 임의를 좌간의대부左諫議大夫로, 윤관을 우간의대부, 한림 시강학사翰林侍講學士로 삼자 중서성中書省에서 들고 일어났다.

"윤관은 임의와 인척관계에 있으므로 함께 간원諫院에 있게함은 마땅하지 않사오니, 청컨대 윤관을 해직시키소서."

이렇게 상주上奏하자 왕은 그 의견을 따랐다. 그들이 인척관계에 있었으므로 해서 윤관이 그 당장에 우간의대부로 간원에 봉직함이 보류된 일이었다. 임의는 윤관의 딸을 며느리로 맞아들여 문숙공과는 사돈 관계를 맺고 있었다.

그러나 수년 뒤 윤관과 임의는 오늘의 서울을 남경南京으로 개창하는 한양 역사漢陽役事에 다시 의좋게 참여하였다.

일찍이 요나라에 사신으로 다녀온 뒤 사돈이라는 인척관계를 떠나서 국사에 힘을 합하게 되었다.

서울이 우리나라의 수도로 확정되기는 고려 왕조가 조선 왕조로 바뀐 직후의 일이다. 태조太祖 3년 곧 1394년에 개경에서 한양으로 옮겨와 도읍한 뒤 608년의 세월이 흘러 오늘의 국제도시 서울로 자리를 굳혀 왔다. 그러나 한양으로 도읍을 정하기 293년 앞서 서울에 남경이 열렸다. 고려 숙종 6년인 1101년 가을 서울에 남경 개창도감南京開創都監이 설치될 때 추밀원 지주사樞密院知奏事로서 문숙공 윤관의 발길이 미침으로써 이미 9백년 전에 서울이 도읍의 후보로 열리게 되었다.

문숙공 시대에 비로소 열린 서울에서 오늘의 국제도시가 이루어진 것을 헤아려 보면 9백년 역사의 보람 또한 작지 않다는 것을 실감하게 한다.

남경 개창도감 설치는 1101년 9월 문숙공을 비롯한 문하시랑 평장사平章事 최사취崔思取, 어사대부 임의 등이 현지에 파견되어 실현되었다. 문숙공으로서는 생애의 만년 10년 전의 일이었다.

그동안 고구려 옛서울 평양을 서경으로 하고, 경주를 동경으로 하여 중경·서경·동경 3경이던 것이 1101년 9월에 남경 개창도감을 서울에 정식으로 설치함으로써 중경·서경·남경의 3경으로 굳혀지게 된다. 왕의 절대적인 신임을 받은 문숙공의 남경 답사는 자못 뜻깊은 바 있었다. 고향 파평에서 가까운 서울은 과연 앞으로 언제인가 대도읍이 될 터전임을 예감할 수 있었다.

남다른 학식과 덕행을 갖춘 문숙공 윤관은 남경에 파견되어 현지 답사를 하면서도 손에서 책을 놓는 일이 없었다. 착한 일과 어진 덕의 실행에 힘쓰면서, 여가에는 말 타고 활 쏘며 사냥을 즐기기도 하였으나, 언제나 책을 휴대하였다. 정치에 통달해 있고 병법에 밝은 그는 아직은 미개발 지역인 서울 일원을 이모저모로 뜯어 보며 현지 답사에 몰두하였다.

그리하여 사돈인 임의와 함께 남경에 파견된 얼마 뒤에 개경에 돌아가 도성 건설에 대한 의견서를 왕 앞에 상신하였다. 문숙공 윤관이 임의·최사취 등과 아뢴 말은 "신들이 경기도 양주군인 노원역蘆原驛과 해촌海村·용산龍山 등 여러 곳에 나아가서 산수를 살펴보았습니다. 그러하오나 도성都城을 건설하기에는 아직 합당치 않사오며, 다만 삼각산 면악의 남쪽은 산형과 수세가 옛 문서와 부합되옵니다. 주산 줄기에 중심하고 큰 맥에 임좌병향壬坐丙向으로 지형에 따라서 도성을 건설하기를 청하옵니다."라고 되어 있다. 그들이 이듬해 봄에 "동쪽은 대봉代峰에 이르고, 서쪽은 기봉岐峰에, 북쪽은 면악面嶽에 이르게 경계를 정하기 바랍니다."라고 했을 때 숙종이 이에 따른 것을 보면, 서울의 건설은 그때 비롯되었다고 볼 수 있다.

한양에 남경 도성을 쌓는 역사가 4,5년이나 걸려 완성을 보기에 이르도록 문숙공은 그 공사를 감독하는 일에 매달려야 했다. 문숙공은 중서 문하성에서 왕께 아뢸 때 경위령經緯令의 말도 참고함을 잊지 않았다. 새로이 남경을 만들려면 반드시 땅을 넓게 차지하게 되고, 그리되면 백성들의 땅을 많이 빼앗아 농사에 지장을 주는 민폐를 면치 못한다는 점이었다. 그래서 남경의 도성 축조에 있어서 동으로는 대봉, 남으로는 사리沙里, 서로는 기봉, 북으로는 면악에 이르는 윤곽을 획정하여, 대체로 오늘의 서울 문 안을 둘러싸는 성으로 한 듯하다.

남경에 성을 쌓고 궁궐이 세워진 것은 숙종 9년 여름, 곧 1104년 음력 4월이었다. 문숙공은 고향 땅 파평에 내려갈 틈도 없이 도성 축조와 궁궐 신축의 대공사를 감독하기에 분망하였다. 성을 쌓고, 궁궐을 짓기를 거의 마쳐 가기까지 문숙공의 관운官運은 순풍에 돛단 배인 격이었다.

남경도감 설치 이래 문숙공은 지주사로서 이듬해 1102년 3월 진사시험을 주재한 일도 있었으며, 11월에 추밀원 부사, 12월 어사대부의 자리에 올랐다. 이듬해 이부상서 동지추밀원사가 되고, 그해 6월 지추밀원사 겸 한림학사 승지에, 1104년 7월에는 참지정사 판상서형부사 겸 태자빈객의 발령을 받고, 또 그즈음 한림원사 태학사翰林院事太學士로 중신의 자리에 올라 있었다.

그해 5월 새 궁궐이 세워진 남경에 행차한 왕은 어가를 멈추고 문숙공 일행의 영접을 받았다.

"경들은 여러 해 동안 노고가 많았소. 앞날 천년 사직의 터전이 여기에 마련되었으니 어찌 하늘과 땅도 기뻐하지 않겠소."

"황공하옵니다."

윤관과 임의가 머리를 조아렸다. 이때 추밀원사 최홍사는 송나라에 파견되어 그 자리에는 없었다.

숙종은 윤관을 비롯한 중신들의 노고와 공적에 사의를 표하며, 문숙공을 비롯한 많은 공신들과 남경 도성 및 궁궐 건립에 애쓴 군사들에게도 일일이 관전官錢을 하사하였다. 화폐 통용이 아직도 본궤도에 오르지 못하고 있는 사정이었다.

백성들이 가난하여서 아직 돈을 제대로 통용하지 못하고 있는 조국의 현실을 생각할 때 외적을 물리치는 강병대책 못지 않게 부국에의 염원이 더욱 절실함을 금할 길 없었다.

문숙공에게 꿈이 있고 이상이 있는 이상 그것의 달성과 실현을 위해서는 일생토록 분골쇄신해야 할 일이었다. 산업진흥과 부국강병을 위해서 무슨 일이든지 밀고 나갈 터였다. 문숙공은 중경 · 서경 · 남경은 물론 어느 곳을 막론하고 강병의 요새가 되고, 부국의 터전이 되도록 해야 한다고 다짐하고 있었다. 남경 건설이야말로 이상의 수부首府로 터전을 닦은 셈으로 언제인가 거창한 '목적의 도시'가 될 것이라 믿었다.

경제통으로 집안도 번창

후일 조선 태조가 개성에서 한양으로 천도할 때, 윤관이 축조한 고려 남경의 옛 성곽과 궁궐을 돌아보고 산세를 답사하며 도읍지로서 적합하다고 여겼다. 여러 신하에게 자기의 의견을 묻자 정도전鄭道傳과 무학대사無學大師를 비롯하여 많은 신하들이 찬동해 마지않았다.

이에 신도 궁궐 조성도감新都宮闕造成都監을 서울에 두고 중신들로 하여금 종묘 · 사직 · 궁궐 · 시가지와 도로의 기지를 정하게 한 다음 1394년 10월 28일 도읍을 한양으로 옮겼다. 그로부터 조선 왕조 5백년 남짓 수도로서 자리를 확고히 하다가 1910년 한일 병탄의 비운을 맞이할 때는 인구 30만 정도였다. 그러나 일제 치하 경성부京城府로서 만 35년의 압제에서 해방될 무렵은 1백 20만에 이르렀으며, 서울 특별시로서 정부 수립 반세기를 맞이한 오늘은 인구 1천여만의 국제도시가 되었다.

문숙공의 땀에 젖은 9백여 년의 남경 개창도감이 오늘의 서울을 맞이하게 한 것은 참으로 상전벽해의 무서운 변모요, 선각의 탁견이었다 아니할 수 없다.

남경 개창도감의 역사役事를 주재하며 서울에 머물 무렵의 문숙공은 55세 전후의 나이로 이미 양친을 여읜 뒤였다. 문정공은 아들의 벼슬이 날로 높아가며, 인격이 원만하고 덕망 있는 목민관임을 지켜보다가 천수를 다하고 별세하여 황해도 연안延安에 묻혔다. 어머니 김씨 부인 역시 출장입상의 아들이 가정적으로 그제야 많은 자녀들을 거느리게 된 데 대하여 적이 흐뭇해 하며 노환으로 숨을 거두었을 듯하다.

하지만 문정공이나 김씨 부인이나 아드님 윤관 원수가 현재의 형편에 만족하지 말고, 더욱 크게 되어 나라 일을 하라는 유언했을 것으로 헤아려진다.

"선조들의 큰 뜻을 펼쳐야 한다. 특히 태사공 어른의 유지를 받들어 호시탐탐 우리 조국을 넘보는 외적 토벌에 나서야 한다. 대장부 한번 태어난 이상 장부답게 민심 평정과 아울러 나라의 숙원을 달성하는 것이 마땅하리라. 부디 너는 장래 현철한 국왕을 받들어 척지공신이 되어야 하렷다."

선종 말엽이나 숙종 초엽쯤에 아버지 집형 어른은 이렇게 유언하였을 법하다. 문숙공은 아버님 산소에 갈 때면 언제나 유훈을 되새겼다.

문숙공 대에 와서야 집안은 활짝 번창하였다. 위로 4대가 독자로 계속되던 집안이 이제야 7남 2녀의 9남매를 거느린 대가족으로 된 성싶다. 장남 언인彦仁, 차남 언순彦純, 3남 언엄彦嚴, 바로 위 형님처럼 입산하여 나중에 선사가 된 4남, 5남 언식彦植, 6남 언이彦頤, 7남 언민彦旼에 장녀는 황원도黃元道에 출가했고, 차녀는 임의의 아들 임원준任元濬에 출가하여 가정을 이루었고 보면, 문숙공이야말로 가정적으로 유복하기 이를 데 없었다.

과연 바닷가의 모래알처럼이나 자손이 번성하여 오늘의 파평 윤씨의 대성을 이루게 했는데, 늘 나라 일로 밖에 나가 공무에 바쁜 윤관에 비추어 7남 2녀를 양육하고 교육한 부인 국대부인 인천 이씨의 내조는 지극했다.

문숙공은 남경 역사를 하는 동안 여가에 틈틈이 파평에 들러 남겨 둔 일부 가족들을 찾아보고 개경 소식과 남경 소식을 전하기도 하였다. 당시 문숙공은 생활 근거지를 고향과 개성에 아울러 두고 있었을 것으로 여겨진다.

남경 개창도감의 임무를 수행하고 문숙공이 개경에 귀환한 당시 고려의 정세는 태조 왕건의 창업 이래 2백년 가까운 세월이 지나며 나라의 기초가 확립되어 있었다. 문물제도가 완비되었고, 과거제도의 실시로 정치가 확립됨에 따라 글 잘하는 선비가 배출되었으며, 종래의 불교 숭앙정책에 따라 명망이 높은 승려도 많이 속출하였다. 문숙공은 이런 시대의 분위기와 환경 속에서 학문에 대한 조예가 남달리 깊어 이상적인 치도治道를 세워 나갔다.

국내의 정치와는 달리 국외의 정세는 반드시 단순하고 평화롭지가 못하였지만, 북부 지역과의 끊임없는 각축 아래에서도 산업발달은 날로 번성을 이루게 되었다.

국내의 각종 생산물은 모두 개경으로 수송되고 집중되었다. 국가·왕실·귀족 등에게 그것이 공급되었기 때문에 개경은 정치·문화의 중심지인 동시에 국내 최대의 교환 시장으로서 발전하여 갔다.

상업이 발달하고 무역이 번창함에 따라 고려 정부에서는 문숙공의 뜻을 받들어 주화를 만들고 이를 널리 보급시키기 위하여 여러 가지 방법으로 그 사용을 장려하였다. 이는 윤관과 대각국사 의천 등의 선견지명이 화폐사용의 이정표를 세우는 구실을 했다고 할 수 있다. 이처럼 문숙공이 경제통인 사실 또한 잊을 수 없다.

4. 별무반

천리장성에 감도는 전운

고려가 창업된 뒤로 15대 숙종 왕에 이르도록 역대 제왕들의 숙원은 무엇보다도 북진정책에 있었다. 모든 백성들의 소망과 국왕들의 숙원이 이러함을 누구보다 잘 알고 있는 윤관이었다. 쳐들어오는 외적을 막아낼 뿐만 아니라, 북계北界의 국경 분쟁 요인을 완전 해소하는 가운데 고구려의 옛땅을 되찾는 일이 성스런 과업으로 되어 있었다. 고려의 북진정책은 국시나 다름없었다.

고려 태조가 918년 태사공의 보필로 나라를 창업한 이래 근 2백년의 세월이 흐르는 동안 북쪽 경계는 천리장성이었다. 그 성 밖인 지금의 함경도·평안도 일대는 여진족들이 무리지어 살고 있었다.

농경보다 목축으로 생계를 유지하는 유목민으로 해적 노릇까지 일삼는 여진족은 본래 말갈의 후손으로 정치적인 통일을 이루지 못하고 있었다. 이들은 때로 정주定州〔定平〕·삭주朔州 등지에까지 침입하였다. 이들은 표면적으로는 고려에 귀속하여 복종하면서 때로는 반란을 일으키기도 하여 고려로서는 적지않은 근심거리가 되어 있었다.

여진의 여러 부족 중에서도 특히 북만주 하얼빈 근처에 자리잡은 완안부完顏部가 강성하였다. 원래 완안부는 미미한 존재였으나, 추장 우꼬내[烏古廼]에 이르러 강성해지기 시작하여 그의 아들, 곧 뒤에 금나라의 목종으로 추존된 영가盈歌와 영가의 조카 우야소[烏雅束]가 곧 뒤에 금나라의 강종康宗으로 추존된 추장 때에 이르러서는 세력이 날로 커져서 주위의 여러 부족을 통일하기에 이르렀다. 이들의 위력은 모든 여진 부족에 미치게 되어 그 영향이 고려 국경지대인 함흥 일대의 여진족에까지 미치게 되었다.

그럴 뿐더러 그들이 진을 친 거점은 동해안 지대의 험악한 산지였다. 사람과 말이 통행하기 어렵고 길이 있어도 병목과 같아서 출입할 때는 마치 동굴을 지나는 듯하였다. 이에 계략을 세워 그 병목을 막고 그 시기를 틈타 치면 이길 수 있다고 헌책하는 사람도 나왔다.

마침내 고려 숙종 7년인 1102년에 동여진이 정주 곧 지금의 정평부에 와서 관문 밖에 주둔했다. 왕명으로 그 추장 허정許貞과 나불羅弗 등을 유인해 잡아 두고 그들이 온 이유를 캤다. 과연 고려를 침범하려는 속셈이 밝혀져 마침내 큰 문제가 되었다.

그때 숙종 9년 서기 1104년 정월에 이르러 여진의 추장 우야소는 별부 부내로夫乃老와 틈이 생겨 공형지조公兄之助로 하여금 군사를 일으켜 이를 치느라고 그 기병들이 와서 정주의 관문 밖에 주둔하고 있는 터였다.

고려 문종 때까지 여진과의 관계는 비교적 평온하다가 우야소 등이 여진족을 통일하게 됨에 평화적으로 자진하여 투항하는 곳도 있었지만, 그 중에는 고분고분 복종하지 아니하여 무력으로 정복당하는 곳도 있었다.

한편 세력이 강성해진 우야소의 기병은 부내로의 패주병을 추격하여 숙종 9년인 1104년 1월 6일에는 고려의 국경의 요새인 정주 곧 정평 관문 밖까지 와서 주둔하게 되어 사태는 자못 급박해졌다.

이와 같이 통일을 이루며 남하하는 여진족에 대하여 고려는 이제 다급한 군사적 대응을 하지 않을 수 없었다.

고려의 북진정책이 불을 뿜어야 마땅할 때는 왔다. 고구려의 후계자로 자처하는 고려로서는 여진을 몰아내고 고구려 옛 강역을 회복해야 할 시기에 이르렀다.

이에 앞서 1101년 숙종 6년 6월에 왕은 임의를 어사대부로, 윤관을 추밀원 지주사로 삼은 뒤 8월에 조칙을 내린 것은 여진족의 득세를 염두에 둔 긴급조치의 강구였다. 이로써 왕명에 따라 서둘러 군비를 비축하고 군사훈련에 활기를 띠게 된 고려였다.

그 동안 관계官界에 나아가 중신의 자리에 오르며 날로 두각을 나타나게 된 문숙공 윤관은 본래 나라 밖에 나가면 명장이요, 들어오면 명상인 문과 무가 둘 아닌 위걸의 기품을 지니고 있었으나, 아직은 출정 전이었다. 고려 숙종이 즉위한 뒤 동궁 시강학사 · 우간의대부 · 추밀원사 또는 지추밀원사 겸 한림학사 승지 · 판한림원사 태학사 및 추밀원사 참지정사 등 혁혁한 관직에 몸담고 있었지만, 아직 병마를 몰고 나가 적진을 돌파할 기회는 없었다.

이제까지는 나라 안의 정사를 돌보기에 매인 몸이었으나,

곧 여진 정벌에 나아가 역사를 빛내는 획기적인 순간을 눈앞에 두게 되었다.

전선에 나가면 사자나 호랑이처럼 날랜 용장이요, 정사 처리에 있어서는 어진 덕을 아낌없이 베푸는 현사賢士인 문숙공에게 실력 발휘의 때는 무르익어 가고 있었다. 북계의 전선은 윤관 원수를 부르고 있었다.

하지만 불씨는 그 얼마 앞서부터 던져져 있었다.

고려와 완안부가 정면으로 충돌하게 된 것은 완안부의 영가가 사망하고 그 조카 우야소가 그 뒤를 이어 즉위한 숙종 9년 1월 초순이었다. 즉 우야소는 그의 부장 석적환石適歡으로 하여금 함흥평야 일대의 여진 부락을 공략케 하였다.

이리하여 부장 석적환의 군사는 정주 장성 부근까지 출몰하기에 이르렀다. 여기에 위협을 느낀 고려 조정에서는 그 대책을 강구하게 된 것이고, 드디어 정주 일대의 하늘엔 전운이 감돌게 되었다.

고려로서는 바짝 긴장되지 않을 수 없었다. 천리장성마저 위협을 받게 된 마당이고 보면 참는 것도 한계가 있었다. 여진군 격파의 의로운 깃발을 들게 된 고려 진영이었다.

패전의 비보에 대책 세워

때는 숙종 9년 1월이었다. 동여진의 추장 우야소가 여진 통일의 야망을 품고 각 여진 부락을 정벌해 나가고 있었다.

그런데 별부別部 부내로가 이에 복종치 않고 반항하자 우야소는 부장 석적환으로 하여금 이를 치게 하였다. 이에 부내로의 군사가 정주 쪽으로 도망치자 이를 추적하여 정주관 밖에 2천의 군사를 주둔시키게 되었다.

변장邊將 이일숙李日肅은 허정과 나불 등 여진 추장을 그 이튿날 밤에 관사로 불러 큰 잔치상을 차렸다.

"그대들을 기다린 지 오래였소. 먼 길에 노고가 많소이다. 그래서 오늘밤은 차린 것이 별로 없지만, 나로서는 성의이니 사양 말고 듭시다. 우리 고려와 여진과는 본래 부자의 나라로 내려왔소이다. 이제 다시 육친의 정을 돋워 봅시다."

"황송합니다."

여진 추장들은 술잔을 들면서 머리를 조아린다. 피차간 권컨니 자커니 하며 취흥의 분위기가 무르익어가고 있을 때 어느새 밤은 삼경이고, 사방은 죽은 듯이 고요하기만 했다. 변장 이일숙이 갑자기 언성을 높여 호통쳐 마지않았다.

"너희들은 내 말 좀 듣거라. 우야소와 석적환이가 너희들을 여기에 보낸 흑심을 실토하렷다."

순간 변장의 시퍼런 칼날이 허정과 나불 앞에 춤추는 듯했다.

"우리 고려를 침탈하러 군대를 몰고온 것이지? 진심을 말하지 않으면 이 칼날이 너희들의 목을 그대로 두지 않으리라!"

"왜 이러십니까? 저희들은 상부의 명령만 듣고 주둔하고 있을 뿐입니다. 저희가 뭘 안다고 그러십니까?"

"무슨 소리인가? 우리가 다 알고 있다. 너희들이 우리 고려에 쳐들어올 준비를 다해놓고 있다는 것을…."

"아닙니다. 그렇지 않습니다."

4. 별무반

"그래, 그렇다면 한번 맛 좀 보여 주겠다."

곧 그들을 잡아 광주廣州에 가둬 놓고 이튿날 호되게 문초하였다. 그제서야 그들은 고려에 침범하려고 한 속셈을 실토하였다. 그래서 그들을 돌려 보내지 않기로 하고 마침내 변장 이일숙 등이 자초지종을 조정에 아뢰면서 그들을 속히 칠 것을 건의하였다.

이에 조정에서는 신속히 적을 치기로 결의했다.

숙종은 문하시랑 평장사門下侍郎平章事 임간林幹을 판동북면 행영 병마사判東北面行營兵馬事로 삼고, 또 직문하성直門下省 이위李瑋를 서북면 행영 병마사西北面行營兵馬使로, 위위경衛尉卿 김덕진金德珍을 동북 행영 병마사東北行營兵馬使로 삼았다.

이렇게 하여 임간·이위·김덕진 등 여러 장수들이 이끄는 고려군은 완안부족 우야소 휘하의 여진군을 무찌르고, 변방을 평정하고자 정주관으로 출동하게 되었다.

그러나 전열이 채 정비되기 앞서 멀리서 고함 소리가 울려 퍼졌다. 그런가 싶더니 요란한 말발굽 소리가 점점 가까이 다가오고 있었다. 그리고 많은 군사들의 함성과 나팔 소리가 들려오지 않는가. 임간·김덕진·이위는 각기 자기들 휘하의 군사들이 주둔하는 막사 쪽으로 갔다.

그러나 그때는 여진족 군사들이 이미 고려군 진영을 짓밟기 시작하여 아군 막사는 어느새 아수라장으로 변해가고 있었다.

여기저기에 흩어져 있는 고려 군사들이 이리 도망치고 저리 쫓기다가 비명을 지르며 쓰러지기도 하고, 목이 달아나

피를 낭자하게 흘리고 있는 시체도 여기저기에 뒹굴고 있었다.

설상가상으로 준마를 타고 온 여진족의 기병들은 사기 또한 충천하여 그 용맹 앞에 고려 군사들을 그야말로 추풍낙엽이었다.

더구나 막사에 불까지 질러 고려군의 진지는 삽시간에 불바다가 되어 버렸다.

사정없이 칼을 휘두르며 무차별 살육과 방화와 약탈에 급급한 여진 오랑캐들이었다. 그 광경은 피에 주린 이리떼의 급습과도 같아 그야말로 처절의 극을 이루고 있었다.

그 중 특히 백마를 타고 칼을 휘두르는 부족장 우야소의 모습은 살기등등하기만 했다. 계속 불타고 있는 고려군 진용의 막사는 피비린내 나는 연기를 뿜고 있었고, 여진 군사들은 사나운 광태를 부리고 있었다. 날이 새는 줄 모르며 양민들에게서 약탈해 온 소·돼지 등의 가축을 잡아놓고 통째로 뜯으며 괴상한 몸짓으로 춤도 추고 소리 지르는 광경은 가히 야만의 작태였다.

날이 밝자 삽시간에 쑥밭이 된 정주관은 처참하고 황량하기 이를 데 없었다. 여기저기 시체뿐이요, 아직도 연기를 내뿜고 있는 잿더미였다. 패전의 비극이 얼마나 무서운가를 여실히 드러내 보여주었다.

패전의 비보가 전해지자 고려 조정은 침통한 분위기에 휩싸였다. 며칠 뒤 궁중에서는 여러 대신들이 숙종肅宗 앞에 몸을 조아리고 몸둘 곳 몰라 하며 서 있었다. 그 대신들은 추밀원사 윤관, 상서 최홍사, 예부랑중 박승중朴昇中, 호부랑중

한상韓相, 그리고 임유 · 이재李載 등이었다.
 이윽고 숙종이 입을 열었다.
 "정주관 정벌에서 우리측이 패한 것은 참으로 원통한 일이나, 과인은 그 패인을 알아내어 무모한 공명심으로 많은 군사를 잃은 세 병마사의 관직을 삭탈하기로 정하였소. 허나 이번의 패전으로 북변 오랑캐들이 더더욱 기승을 부려 북변의 우리 백성들은 그 피해가 막심하다 하니 이를 어찌 막아 열일烈日을 누릴 것인고?"
 그러자 이재가 얼굴을 들며 무겁게 입을 열어 여진과의 화친을 주장했다.
 숙종이 입을 열었다.
 "화친을 맺어 그 무도한 오랑캐들이 제 고장으로 물러가 다시는 우리 백성을 범하지 않는다면 몰라도 그들의 지난 행실로 미루어 볼 때 오히려 큰 힘을 기를 시기를 얻게 해 줌이니, 그도 또한 아니 될 일이 아니겠소?"
 숙종의 말이 끝나자 곧 이어서 추밀원사 윤관이 고개를 들며,
 "추밀원 밀사 윤관 아뢰옵니다. 우야소의 동여진 완안 부족이 범하고 있는 북변은 옛 고구려의 강역일 뿐만 아니라 아조我朝에 이르러서도 누대에 걸쳐 고려의 판도로 귀속시키고자 온갖 심혈을 다한 우리 고려의 국토임에 틀림이 없사옵니다. 그런데 완안부 오랑캐를 두려워하여 고려의 판도를 오랑캐에게 방치하여 둔다는 것은 마치 제집에 들어와 갖은 횡포를 다하는 도적을 그대로 방치해 두는 소치와 무엇이 다르오리까? 바라옵건대 오랑캐들의 침노를 막을 뿐만아니라

그들의 근거지까지 정벌하여 그 근원을 뿌리 뽑고 발해국의 멸망 이후 잃어버린 우리의 옛 국토를 이제라도 우리의 판도로 확정짓도록 하여야 옳으실 줄로 아옵니다."

벽마도통으로 여진정벌에 특명

윤관의 말이 끝나자, 숙종이 말문을 열었다.
"그것은 과인도 바라는 바이나, 그 큰일을 맡아 척지진국의 대업을 이루어 줄 사람이 과연 누구란 말이오? 참으로 답답하고 애가 타는 일이 아닐 수가 없구료."
숙종이 이토록 애통스런 말에 여러 대신들은 하나 같이 "신들의 불충을 살펴 주옵소서"하고 고개를 들지 못한다. 한동안 어전은 쥐죽은 듯이 조용하기만 했다. 멀거니 한 곳을 보고 있는 숙종의 표정은 말할 수 없는 비탄에 잠겨 있었다. 그 비탄의 표정에는 심각한 고뇌의 빛이 깊게 감돌고 있었다.
한편 윤관도 숙종 못지않게 고심 참담에 빠져 있었다. 하기는 윤관 자신으로 하여금 여진족을 정벌하라고 군사를 맡겨 주기만 한다면 임간·이위·김덕진처럼 그렇게 패전하고 돌아올 리는 없었다.
그 얼마 뒤에 숙종의 부름을 받고 윤관이 대궐에 들어선 날은 숙종 9년(1104) 2월 21일이었다. 윤관이 어전에 이르자 기다리고 있던 숙종은 반겨 맞이한다.
윤관은 임금 앞에 이르러 크게 절하고는 "전하! 주상전하의 부름을 받자옵고 왔사옵니다"하고 엎드렸다.

"과인이 급히 할말이 있어 불렀소. 경은 머리를 드시오."
"황공무지로소이다."
 윤관은 약간 긴장을 펴고 숙종의 어안御眼에 시선을 던진다. 그러자 숙종은 나직하나 힘찬 목소리로 말했다.
 "과인이 그 동안 어리석었소. 일찍이 그대를 생각지 못했던 것이 한스럽소. 윤관 원수! 그대는 일찍이 철전鐵錢을 만들자는 전법을 제정케 한 바 있어서 그 착상은 이미 세상이 다 아는 바요, 병법과 무예를 익힌 무장으로서도 그 소임을 다할 능력을 지녔음이 분명하니, 과인은 지추밀원사知樞密院使 겸 한림학사翰林學士 승지承旨인 경을 이번에 북동면 행영병마도통北東面行營兵馬都統으로 삼아 여진의 오랑캐를 전멸하도록 특명하니 곧 출정토록 하시오."
 "예, 상감 마마의 뜻을 받들어 반드시 적장 우야소의 무리를 소탕하는 선물을 주상께 바치겠나이다."
 "부디 그렇게 되기를 과인은 빌고 있겠소"
 왕은 흐뭇해 하며 윤관을 정시한다.
 이날 중광전重光殿에서 왕은 친히 부월을 내린다. 여진정벌의 출전명령이었다. 이렇게 하여 윤관의 오랜 꿈을 실현시킬 수 있는 대망의 1차 북벌행은 결정되었다.
 한편 우야소의 여진군은 임간 · 이위 등의 고려군을 대파하고, 정주 · 선덕宣德 · 관성關城 일대로 밀고 들어와 닥치는 대로 살인 · 약탈 · 방화 · 부녀자 겁탈을 자행하였다. 그때까지 어버이 나라로 섬겨왔던 고려의 군사를 손쉽게 대파했고 보면 두려울 게 없었다.
 마을로 쳐들어가 백성들에게 행패를 부리다가 돌아온 어

느 날 저녁이었다. 여진 장수 우야소는 막사의 침대에서 급히 몸을 일으켰다. 그리고는 눈을 부비며 이렇게 중얼거렸다. "거 고약한 꿈이로구나. 내 목이 그렇게 쉽게 떨어질 수야 있겠나. 아무리 꿈이라고는 하지만 이렇게 고약하고 기분 나쁜 꿈도 있단 말인가. 고려 놈들이 자기 군사를 모아 우리를 칠 음모를 꾸미고 있음이 분명하구나." 우야소는 약간 실성한 사람처럼 이렇게 혼자 지껄이고 있었다. 그러더니 막사를 빠져나와 밤이 늦었는데도 여기저기에 수소문하여 장수들을 모았다. 주안상이 들어오자 우야소가 먼저 자작한 뒤 한 장수에게 술을 따라 주며 입을 열었다.

"또다시 대완안부의 군사들은 용맹히 싸워 고려군을 일거에 멸해 버릴 것이다. 일찍이 우리의 군세가 약하여 고려국에 고개를 숙여 조공까지 하였지만 우리는 그러는 동안에도 군사를 모으고 군량을 거두어들였다. 이제는 두려울 게 없는 대완안부의 무적군이 아닌가."

우야소가 이렇게 말을 끝내자 여러 장수들은 하나같이 함성을 지르며 술잔을 높이 들었다. 그들의 사기는 하늘을 찌를 것만 같았다. 밤새도록 그들은 기세를 높였다.

그럴 즈음 개경의 윤관을 비롯한 고려군 진영에서는 자못 긴장감이 감돌았다.

기병과의 첫 접전

1104년은 숙종 9년이었다. 봄이었으나 날씨는 찼다. 윤관은 동북면 행영 병마도통으로 여진정벌을 위해 출정하게 되었다. 임금은 친히 내린 부월을 치켜든 윤관 장군의 뒤에는 수많은 고려 군사들이 기치 창검도 요란하게 윤 도통을 따랐다.

드디어 나선 척지진국의 첫걸음이었다. 부월을 더욱 불끈 쥐고 진군을 호령한다. 여진을 정벌하고 척지진국의 꿈을 이루기 위해 첫 출정을 하는 윤관 도원수, 그를 믿고 따르는 고려 군사들, 마침내 이들은 정주를 향해 북으로 행군하기 시작하였다. 며칠 후 저녁 늦게 목적지에 이른 고려 군사들은 진지를 구축하여 막사를 짓고 그에 따른 전투준비를 서둘렀다. 이러할 즈음 윤관은 날랜 군사 몇몇을 적정을 살피러 보내 놓고 휘하의 여러 장수들을 불러 작전을 밀의했다.

이튿날 날이 밝기가 무섭게 진격을 알리는 북소리가 울렸다. 이날이 숙종 9년 3월 4일이었다. 윤관 원수에게 있어서 여진과의 첫 접전의 날이었다. 고려 군사들은 용감히 진격해 들어갔다. 동북면 행영 병마 도통사 윤관 도원수가 이끄는 수만 병력이 바람같이 정주성 밖으로 내달았다.

"고려군이 여기 있다! 여진 오랑캐야 덤벼라."

함성이 일며 여진군의 진지에 물밀 듯이 쳐들어 갔다. 산봉우리가 까칠까칠하고, 뾰족뾰족한 바위가 날카로운 성벽을 이루고 있다. 진격 명령과 함께 고려군은 윤관 병마 도통사를 필두로 일시에 적진에 내달았다. 이에 여진군 진영에서도 함성이 일어난다. 날랜 고려 병사들이 여진 진영을 덮치며 화살을 쏘아대고 창과 칼을 휘두르며 백병전을 하려는 순간 "와아!" 하는 소리와 함께 여진의 말발굽이 어지러이 반격해 온다.

"기병이다! 숨어 있다가 보병을 씨도 없이 섬멸하라!"

고려군은 보병을 맞이할 때면 여진군을 격파해 나간다. 그러나 한떼의 기병이 나타날 때마다 바위 틈이나 숲이 우거진 곳에 숨기 바쁘다. 아무리 산악전山岳戰이라 하여도 보병만으로 기병과 맞선다는 것은 불리하기 짝이 없었다. 때로는 고려군의 날랜 군사가 말에 탄 여진군을 끌어 내려 백병전으로 이기기도 했지만, 기병의 무리가 연달아 쏟아져 나올 적마다 전세는 불리해진다.

"원수님, 기병을 주의하십시오."

누군가 외쳐대는 순간 말을 탄 여진군의 기병이 윤관 장군에게 날카로운 창을 겨누었다. 날아오는 창을 오른손에 든 보검으로 막아내는 순간 "쨍그랑!" 소리와 함께 창은 저만치로 튕긴다. 한창 말발굽이 어지러운 가운데 화살이 비오듯 고려군 쪽에 쏟아진다. 천지 사방에서 화살이 소낙비 되어 쏟아지고, 날카로운 창검이 지휘관인 윤관 도통사에 접근해 온다.

위기일발 직전이었다. 제 아무리 충용무쌍함을 자랑하는 고려군이라 할지라도 보병만으로 기병을 맞이하여 접전을 함은 무리였다. 여진군 30여 명을 쳐죽이는 전공을 눈 깜짝할 사이에 올린 고려군은 어느새 기병에 쫓겨 다니기 바빴다. 전세가 지극히 불리함을 지켜 보던 윤관 병마 도통사가 갑자기 북을 울려 퇴각명령을 내린다. 작전상 후퇴였다. 어제 밀탐을 보냈던 병사들의 보고도 있었으나, 여진의 기병은 생각보다 훨씬 막강했다. 보병만으로 이들에 대적한다는 것은 너무도 불리한 전세였다. 말 위에서 칼을 휘둘러 내려치며 창으로 찔러대는 여진 군사들이었다. 이에 보병뿐인 고려 군사들은 이리 쫓기고 저리 몰리며 쓰러지는 자가 부지기수였다. 가을 바람 앞의 가랑잎 꼴이었다.

이렇듯 형편 없는 수세에 몰려 우왕좌왕하는 군사들을 독려하며 윤관은 부딪쳐 오는 여진 군사들을 맞는 대로 칼을 휘둘러 복을 쳤다. 난중에도 그는 대범하여서 당황하지 않았고 무예에 출중하였으므로 투지 또한 만만하였다.

그러나 윤관 도통사 몇몇의 휘하 장수들의 분전만으로 밀려드는 여진의 기병을 막아낼 수는 없는 노릇이었다. 어느새 싸움터에는 고려군의 시체가 여기저기 쓰러져 널려 있었다.

'오늘의 패인이나 앞서 임간의 패전이 다 저들처럼 기병을 갖추지 못한 데 있구나!'

윤관은 탄식하며 남은 군사를 거둬 성 안에 집결시켰다. 그리고는 부득이 여진과 화친할 뜻을 화살촉에 날려 적진에 보내었다. 제1차 북정에 휴전협정을 맺지 않을 수 없게 된 것은 참으로 부득이한 일이었다.

후일에 이 수치를 설욕하기 위해서는 적과 일단 강화의 결맹을 할 수밖에 다른 길이 있지 않았다.

쌍방의 휴전 조인 추진에도 불구하고 용맹스런 고려군 일대는 여진군과 장렬한 국지전을 펴기도 했지만, 속시원하게 물리칠 계략이 없었다. 오히려 더 많은 전상자를 냈을 뿐이었다.

그러함에도 윤관 도통사의 지휘에 힘입어 고려군은 다시 기운을 차려 안간힘을 다 했다.

그러나 사력을 다한 전투에도 불구하고 하늘은 무심했다.

기병으로 무장된 여진 군대에게 그만 패전의 고배를 면치 못하였다. 하는 수 없이 윤관은 임기응변으로 여진족과의 일시적인 화친을 맺게끔 되었다.

마침내 여진 우야소와의 사이에 강화가 맺어지게 된다. 여진족과의 일시적인 화친이었다.

한편 윤관은 여진과의 첫 싸움에서 적장이 보낸 웅단熊丹과 알게 되는데 웅단은 바로 여진 장수 우야소의 질녀로서, 나중에도 끈질기게 윤관 원수를 괴롭히나 결국은 덕장인 윤관의 훌륭한 인격과 넓은 도량에 승복하여 도통사의 둘도 없는 애희愛姬가 된다.

이리하여 윤관은 화친을 맺고 개경으로 돌아올 수 밖에 없었다. 그로 해서 정주 일대의 부락은 여전히 여진 부락으로 남게 되어 윤관의 1차 출정은 실패로 막을 내렸다. 분통스런 일이었다.

그러나 동북면 행영 병마 도통사로서 치른 첫 실전 체험으로 말하면 후일에 정복자로서 대첩을 거두게 하는 소중한 발판이 되어 줄 수 있었다.

별무반 편성 맹훈련

윤관 도통사가 첫 출정에서 실패하고 여진군과 화약을 맺고 돌아오게 되자 조정의 일각에서는 기다렸다는 듯 그를 겨냥하는 공격의 화살이 빗발쳤다.

"윤관은 나라의 중죄인이오. 군사를 그만큼 잃었으니 참형으로 그 죄를 다스림이 마땅합니다."

최홍사崔弘嗣의 가시돋친 말이었다. 이에 한상이 끼어들며 한 마디 거들었다.

"소문에 듣자 하니 이번 화친을 맺었다는 건 상감을 우롱하는 처사로 실은 우야소에게 무릎을 꿇고 목숨을 구걸했다 하너이다."

이윽고 이재가 나서더니,

"저런 고이한……."

하고 분노를 못참겠다는 듯이 표정을 일그러뜨렸다.

"그뿐만 아니라 우야소의 질녀와 아군 막사에서 정을 통하고 그저 넋이 빠져 주색 잡기에 세월을 보냈다고 하니…"

한상은 한숨까지 몰아 쉬며 말했다.

"그럼 우야소의 질녀와 놀아났다는 것이 뜬소문은 아니로군."

최홍사의 빈정대는 듯한 말투였다.

"이건 나라의 수치요, 대역죄를 범한 것이 아니고 무엇이란 말이오!"

이재가 분해서 못 견디겠다는 듯이 소리소리 질렀다. 이들뿐 아니라 그밖의 여러 대신들까지도 덩달아 아우성이다. 사실을 알아보기도 전에 비난부터 일삼는 그들이었다.

그때였다. 윤관 도통사가 대궐에 들어서고 있었다. 그러자 여러 대신들은 하나같이 윤관 쪽으로 시선을 돌린다. 윤관이 나타나자 몇몇 대신들은 비난어린 눈초리로 그를 흘끗 쳐다보며 대궐을 빠져 나가기에 바빴다.

어전에 나간 윤관이 왕 앞에 부월을 바치며 머리를 숙여 패장의 치죄를 아뢴다. 한동안 묵묵부답이던 숙종이 윤음을 내린다.

"동북면 행영 병마 도통사는 고개를 드오. 짐은 이미 고려군의 패인이 여진처럼 기병이 없다는 데 있음을 통찰하고 있소이다. 유비무환인데 기병없이 전쟁에 나가게 했던 책임은 도통사에게 있지 않고 나라에게 있소. 악전고투하며 여진군의 목을 적지않이 벤 것만으로도 도통사의 공은 공이오. 패배는 병가兵家의 상사常事일진대 앞으로 대책을 세워 다시금 북벌을 감행하려 하니, 실의에 젖지 말고 군비 강화책을 세우시오."

"주상께서 하혜를 베푸시니 황공무지로소이다. 전하, 기병 양성을 앞으로 서두르셔야 하겠사옵니다. 백성 모두가 이제 전시체제로 맹훈련을 하여 나라의 수치를 씻어야 하겠사옵니다. 소신이 이번 1차 북벌의 체험을 통하여 소회가 많습니다만, 시각을 다투어 강병책을 올리려 하오니, 뿌리치지 마시옵소서."

"윤 원수는 휴식을 취하면서 장차 이 나라의 강병 대책을 구상하기 바라오."

진땀에 젖은 윤관의 마음은 적이 괴로웠다. 여진족들에게 수없이 죽어간 고려 군사들의 원성이 들리는 듯했다. 지난 전투를 들이켜 보면 더욱 괴롭기만 했다. 상심에 젖은 숙종 앞에 나아가 경과 보고를 간략히 아뢴 윤관은 대궐에 무거운 발길을 달래며 곧장 집으로 돌아왔다.

며칠이 지나서였다. 아침 일찍 내전으로 들라는 어명이 내렸다.

윤관이 내전에 이르자 옥좌에 앉아 기다리던 숙종은 표정을 고치며 입을 열었다.

"일전에 부월을 거두고 나서도 너무나 분하고 원통한 마음이 들어 심신을 걷잡을 수가 없었소."

"전하, 신의 죄가 너무도 크옵니다."

"그래서 천지 신명께 고하기를 원컨대 음부陰符를 빌어 적경敵境을 소탕하고 그 땅에 불우佛宇를 일으킬 것을 허락하시라고 누누히 기원을 하였소. 과인이 오랑캐에게 얼마나 한이 되었으면 그리 기원을 하였겠소."

숙종의 말은 절실하였다.

"신은 다만 망극할 따름이옵니다."

윤관은 머리를 더욱 조아리며 말했다.

"그래, 오랑캐를 소탕할 구체적인 방도를 세웠단 말이오?"

"신이 보건대 적의 세력이 굴강하여 헤아리기 어려우니 군사를 쉬게 하고 사졸을 양성하여 뒷날을 도모함이 마땅한 줄 아옵니다."

"그 뜻에는 과인도 찬성이오."

"이번에 패한 까닭인즉 적의 군사 기병들과 우리 보병이 적수가 되지 못하였기 때문이었사옵니다."

"그럼 서둘러 기병을 양성해야 할 것이 아닌가?"

"기병뿐만 아니라 별무반別武班을 두어 국력을 배양하는데 힘을 기울여야 할 줄 아옵니다."

"별무반? 도통사는 그간에 국력을 키우는 방도에 대해 누구보다 일가견과 묘책을 얻은 것 같은데 그 별무반에 대해 상세히 일러 보시오."

"예, 별무반이란 그 구분을 신기神騎·신보神步·도탕跳盪·경궁梗弓·정로精路·발화發火 등 여러 군으로 나누어 수원승도隨院僧徒와 백성들이 이에 참여하여 군을 편제하는 방법이옵니다. 또한 편제된 군사는 생업에 종사하면서도 때를 정해 군조련에 전력을 다할 것이며, 말을 키우는 백성은 기병으로 조련을 시켜 유사시에는 온 백성이 떨쳐 일어나도록 법으로 정하여 이를 시행하는 길이옵니다."

임금의 말에 윤관 도원수가 자세히 설명했다. 이에 숙종이 입을 열었다.

"음……. 오랑캐를 내몰고 잃어버린 땅을 찾는 일은 어느 한 사람을 위한 일이 아니라 모든 백성과 온 나라를 위하는 일인만큼 나라를 보존하는 방책임에 틀림이 없소. 그렇다면 도원수의 그 뜻을 법으로 펴 장차 척지대업을 이루도록 하겠소."

"봉명하오이다, 전하!"

한동안 침묵이 흘렀다. 잠자코 앉아 있는 숙종의 표정은 어떤 비장한 결의에 차 보였다.

이리하여 별무반은 1104년 기병과 보병으로 조직되었다. 기병은 신기군이라 하여 문무산관·이서吏胥로부터 노예에 이르기까지 말을 가진 자는 모두 여기에 속하게 하였다. 보병은 신보·도탕·경궁·정노·발화 등으로 구별된다.

별무반은 백성의 각 계층을 동원해서 조직한 특수 부대로서 부병府兵과 함께 훈련을 받게 하고, 병기·병술을 개선한 것으로 고려 병제에 있어 획기적인 군비 강화책이었다. 그리고 별무반의 일익으로서 노예로 조직된 연호군烟戶軍과 승려들로 조직된 항마군降魔軍이 있었다.

특히 이 항마군은 특별 부대이기는 하나 얼마 뒤 별무반의 주요 삼군으로 인정받게 될 정도로 큰 비중을 차지하였다. 별무반의 주요 3군이란 신기군·신보군·항마군 등이다.

삼국시대에 중국으로부터 불교가 전래된 이후 수도승이 많아짐에 따라 국가 유사시 그들은 전쟁에 출전하기도 하였다. 원래 불교는 살생을 금하나, 한국 불교는 호국신앙護國信仰과 결부되어 왔다.

일찍이 신라 때 원광법사圓光法師가 '세속오계世俗五戒' 중 '살생유택殺生有擇'의 새 계율을 내세운 것부터가 크나큰 불교개혁으로 호국불교의 선언이었다. 승병은 고구려에 당태종이 침입함에 3만의 승병을 출전시킨 일이 있었다.

윤관이 조직한 항마군에 이르러 승병의 체제가 비로소 짜임새 있게 갖추어졌다.

항마군의 조직과 편성에 의해 호국불교의 전통은 이룩되었다. 이 항마군의 호국정신은 뒤이어 국난 때마다 승려들의 거병으로 나타났다.

우리나라 역사상 가장 큰 성과를 거두게 된 것은 임진왜란 때로 서산대사西山大師 휴정休靜과 사명당四溟堂 유정惟政이 막강한 승병을 이끌고 싸워 평양 탈환의 큰 전공을 올렸던 것을 들 수 있으며, 또한 영규靈圭·처영處英 등 유명한 승병장이 그 무렵에 금산錦山과 행주산성幸州山城에서 왜적과 싸워 많은 전과를 올리고 장렬한 순국을 한 것도 그 기틀을 다진 빛나는 발자취였다.

하물며 불교를 국교로 삼는 고려에서 항마군이라는 승병

이 편성된 것은 정신무장이 철저한 정예군으로 조직된 것을 뜻하였다.

이제 별무반이라는 새로운 군사 조직이 편성되기에 이르렀다. 별무반은 상비군인 2군 6위 이외의 특수군단이란 뜻으로 이름지어졌다.

드디어 윤관의 건의대로 별무반이 군의 기본 체제로 편성되면서 전국 각지에서는 새로운 기풍이 일어 백성들은 앞을 다투어 조련장으로 모여들었다. 그리고 조금도 쉴 틈 없이 훈련을 거듭하고 있었다.

무엇보다 기병 훈련에 중점을 두어 도처에서 말을 타고 달리는 훈련에 열을 올려야 했다. 속력을 내어 달리다가 말에서 떨어져 몸을 다치기도 했지만, 곧 일어나 또 말에 오르고는 하며 막강한 기병의 여진군을 설욕하고자 이를 악물고 말 타기를 익히는 고려 군사들이었다.

한편에서는 활쏘기에, 또 한편에서는 칼쓰기를 훈련하고 있었다. 실제로 목검을 사용하고 있는데도 그 훈련은 실전을 방불케 했다. 창쓰기의 훈련 또한 쉬는 날이 없었다.

멀리서 말에 올라 땀을 뻘뻘 흘리는 군사들의 조련장을 지켜보고 있던 윤관은 비장감에 설레면서 그저 가슴 뿌듯하기만 했다.

북벌 앞두고 숙종 붕어

윤관은 아침 일찍부터 군문에 출동하여 특별 부대인 별무반의 훈련 현황을 돌아보았다. 문무산관으로부터 서리·상인·노복에 이르기까지 말을 가진 사람들은 모두가 신기군으로 철통같이 무장되어 있었다. 지휘관의 명령이 떨어지기만 하면 산악과 벌판을 누비었다.

말이 없으나 쇠 같은 건각의 신보군의 위용 또한 볼 만했다. 수년 동안에 걸친 맹훈련으로 어떠한 장애물에 가로막혀도 쉽게 이를 돌파하고 적진에 진격할 태세는 완비되어 있었다.

한편 스님들로 편성된 항마군 또한 전쟁터에 나가 죽는 것을 대해탈 정도로 여기는 정신력에다가 밤낮을 가리지 않고 염불하며 싸우는 훈련을 통하여 세계에 그 유례가 없는 막강한 승병으로 단련되어 있었다. 윤관의 건의대로 편성된 신기군·신보군·항마군 수십만의 별무반을 거느린 고려는 이제야 여진 정벌의 실력을 완비해 놓은 터였다.

훈련 실황을 눈여겨 보던 윤관은 그제야 무릎을 치며 "설욕할 때는 왔다! 저 힘 앞에 여진쯤이야 가랑 잎이다."하고 홀로 뇌까려 보았다. 별무반이야말로 고려의 대군이자 윤관 도원수의 군사였다.

그 길로 숙종대왕을 뵈러 발걸음을 재촉했다. 대궐 한쪽에서는 여러 대신들이 무슨 얘기인지 쑥덕거리고 있었다.

그때 윤관이 성큼 들어섰다. 그러자 그들은 무슨 얘기인지 꺼내려다가 그 말을 중단하고 화제를 바꾸었다.

"핫하하… 장군께서 어인 일이시오?"

윤관이 큰소리로 외쳤다.

"예나 이제나 적정을 모르고서는 싸움에 이길 수 없소이다. 그토록 편협한 마음을 품고서는 척지진국의 대업을 이룩하여 저 광활한 내 나라의 옛국토를 척지하고자 하는 상감마마의 성지聖旨를 보필할 수 없을 게요. 전하께서는 그동안 간교한 자들에게 거듭 우롱을 당해 오셨으니 병중에서나마 곧 여진 정벌의 명령을 내리실 것으로 믿고 있소. 철통 같은 별무반이 우리에게는 있소. 그래서 나는 어명을 받들어 북변 출정 태세에 만전을 기하고 있소이다."

윤관은 조금도 굽힘없이 말했다. 윤관의 이 말에 여러 대신들은 마땅치 않아 여기저기서 투덜대는 소리가 들렸다.

이때다. 또 한 사람이 뛰어들었다. 그 사람은 다른 사람 아닌 탁준경拓俊京이었다.

"도원수님, 도원수님!"

탁준경은 윤관을 향하여 보며 다급하게 불렀다.

"아니, 탁준경, 그대가 어쩐 일이오?"

윤관이 말했다.

"저 다름이 아니옵고, 방금 전하께서 승하하셨습니다."

"뭐라고? 전하께서 승하하셨다고?"

윤관의 놀라움뿐이랴. 여러 대신들도 하늘이 무너지고 땅이 꺼진 듯 "전하! 전하!"하고는 어지러이 어전 쪽으로 달려갔다.

그러나 윤관은 숙종대왕 승하의 비보에 화석처럼 굳어 있었다. 이윽고 윤관은 비틀거리며 그 자리에 꿇어앉았다. 그리고는 두 손을 합장한 채 하늘을 우러러보며 울먹이는 목소리로 이렇게 부르짖고 있었다.

"전하, 이 나라 척지진국의 성업을 이루시길 그처럼 소망하시더니 국운을 좌우할 이 중대한 시기에 어이 먼저 가시었

나이까? 신 윤관, 어명으로 진군을 명하시기만 고대하여 왔사온데 어찌 강토 수복의 대업을 남기시고 가시었나이까?"
 윤관은 흐느끼기 시작했다. 처절한 오열이었다.

5. 북벌

화랑정신을 살려

척지대업의 뜻을 품고 여진정벌을 꾀하다가 두 차례의 패배로 꿈을 성취하지 못하고 52세에 승하한 숙종 임금은 고려 15대 왕이었다. 재위는 1095년부터 1105년까지의 10년간이었다. 문종文宗의 셋째아들로 태어난 그는 선종宣宗의 친동생이기도 하였다.

주화 통용, 은병銀甁 제조 등의 새로운 경제 유통시책을 폈으며, 불교를 숭앙해서 장려하였다. 그는 또한 시종여일 북진정책을 폈으나, 여진족이 굴강하여 그 뜻을 실현하지 못한 채 한 많은 최후를 마쳤다.

시호는 명효明孝라 하고, 묘호는 숙종이라 하며, 송림현松林縣[長湍]에 장사 지내고, 능호陵號를 영릉英陵이라 하였다. 뒤에 인종仁宗 18년(1140)에 문혜文惠라 가시加諡하고, 고종高宗 40년(1253)에 강정康正이라는 시호를 더했다.

승하하기에 앞서 윤관이 제1차 북정에서 승리를 거두지 못하고 돌아온 몇 달 뒤인 1104년 7월 숙종은 윤관을 참지정사 판상서 형부사 겸 태자빈객參知政事判尙書刑部事兼太子賓客으로 삼는 한편 지금의 서울인 남경에 행차하여 삼각산 승가

사에서 기우제를 지내고 9월에 환궁하였다.

이듬해 숙종 10년 6월 9일 왕은 윤관을 태자소보 판상서 병부 한림원사太子少保判尙書兵部翰林院事로 임명했다.

숙종은 여름 한철을 서경에서 머물렀다. 특히 창화문昌化門과 영작원문營作院門에서 무사武士들이 활쏘는 모습을 관병하면서 기쁨을 금치 못하였다. 별무반의 씩씩하고 늠름한 기상은 머지않아 단행할 북벌에 대한 신념을 다져 주고 남음이 있었다.

더욱이나 태자가 평양성 창화문 밖에서 활을 쏘아 과녁을 맞출 때 숙종의 마음은 흐뭇하기 이를 데 없었다.

"옳다! 됐다! 내 평생에 북벌을 결행하지 못한다면 저 믿음직한 태자가 왕위에 올라 소원을 풀어 주리라."

특히 윤관 원수의 가르침을 받아온 왕세자이고 보면 든든하기 이를 데 없었다.

숙종의 승하로 고려 제16대 왕에 예종睿宗이 즉위하였다. 때는 1105년 10월 2일이었다. 윤관과 더불어 북벌정책을 실시한 임금으로서 길이 후세에 그 이름이 남겨진 예종이었다.

근대 사학계의 태두 단재丹齋 신채호申采浩가 《조선 역사상 1천년래 제1대사건》에서 쓴 것처럼 "고려 일대에 화랑의 사상을 실행하려던 군신君臣 양인이 있으니 예종과 윤관이다" 하는 전제 아래 두 군신이 한국 역사의 중흥中興에 애쓴 큰 발자취를 선명하게 했다.

또한 단재의 명문名文은 이렇게 쓰고 있다.

"예종의 부父 숙종은 여진이 점점 강대함을 오惡하여 이를 정복하려 하였으나, 다만 헌종의 유당遺黨이 내란을 작作할까 공恐하여 홍병興兵에 주저하였다가 그 죽을 때에 여진 정복의 밀지密旨를 예종과 윤관에게 내렸다."

여기에서 새 임금 예종과 윤관 원수가 화랑정신에 입각하여 옛 고구려의 강역을 수복해야 한다는 여진족 정벌의 성업聖業에 관한 밀지를 숙종 임종 무렵에 받고 있음을 알 수 있다.

예종 문효대왕의 휘는 우俁이고, 자는 세민世民으로 숙종의 장자이며, 어머니는 명의태후明懿太后 유씨柳氏였다. 왕은 문종文宗 33년(1079) 정월 정축에 탄생하였는데 도량이 깊었고, 유학을 즐겼다. 선종 11년(1094)에 검교사공주국檢校司空柱國을 배명拜命받았고, 뒤에 태위太尉에 오르고 숙종 5년(1100)에 황태자가 되었다.

숙종 9년에 요遼는 사신을 파견하여 삼한국공三韓國公으로 책봉하고, 10년(1105) 10월 병인에 숙종이 돌아가자, 유조遺詔를 받들어 중광전重光殿에서 즉위하였다.

예종은 고려 16대 왕으로서 1105년에서 1122년까지 18년간 재위하였다. 왕이 학문을 좋아하여 학교를 세우고 육경六經을 강론하자 학자와 문신이 배출되어 유학이 크게 육성하였다.

그는 재위 2년인 1107년에 윤관 원수에게 명하여 여진을 치게 하였고, 1108년에는 9성을 쌓게 하였으며, 1109년에는 9성을 여진에게 반환하였다. 1116년에는 요·금이 침입, 1119년에 금나라와 사신 내왕이 있었다.

예종이 북벌정책을 실시한 것은 재위 기간의 몇 가지 기록만 보아도 알 수 있다.

윤관 원수에게 북정의 성지聖旨를 내린 숙종이 승하하고 나자 상중임에도 예종은 여진 정벌을 준비해 나갔다. 왕은 선정을 베풀고 무예를 장려하여 혹은 자신이 신기군을 사열하고, 혹은 사신을 각도에 파견하여 병진兵陣을 교습시켜 북벌 준비에 박차를 가하고 있었다.

예종과 한 뜻으로

예종이 즉위한 직후인 1105년 11월에 윤관 원수를 중서시랑 동평장사中書侍郎同平章事로 삼은 것을 필두로 왕하王煆를 서북면 병마사 겸 지중군 병마사知中軍兵馬使에 임명하고, 오연총吳延寵을 동북면 병마사 겸 지행영 병마사知行營兵馬使에 임명하였으며, 12월에는 우산기상시右散騎常侍인 유자유柳子維를 동계 가발 병마사東界加發兵馬使라는 이례적인 관직에 임명하여 동북면의 방비를 후원하도록 하는 등 일찍이 볼 수 없었던 삼엄한 방비를 하였다.

그런데 이를 눈치챈 여진은 고려에 대하여 군사 행동을 준비하면서 일방으로는 화친 전술을 써 오고 있었다. 즉 예종 원년인 1106년 1월 18일에 우야소의 부하인 지훈之訓이 공아公牙 등 10인을 보내어 주공하여 왔다. 고려 조정으로서는 별무반의 편성으로 당시 경비가 많이 들고, 또 북벌이 쉽지 않다는 것을 알고 있었으므로 이를 환영하였다. 특히 이로 인하여 윤관 원수의 세력이 커가는 것을 시기하고 있던 유림파들은 화친의 뜻에서 여진 사신들을 크게 환영하고 우대하였다.

여진정벌의 출정 명령이 늦춰지고 있음에 윤관은 초조한 나날을 보내고 있었다.

고려의 대궐에서는 어전에 예종과 윤관이 앉아 있었다. 몸을 굽히고 서 있는 윤관에게 임금이 말했다.

"그럼 동여진 완안부 우야소가 보낸 친서는 저들의 야욕을 은폐하려는 불측한 글이란 말이오?"

"예, 분명히 그러하옵니다. 선왕께서도 수차 그런 글에 우롱을 당한 끝에 신에게 별무반 제도를 시행토록 하시며 여진정벌의 뜻을 분명히 하시었던 점을 굽어 통촉하시옵소서."

윤관의 간청이었다.

"과인은 이미 동여진 완안부 우야소의 뜻을 받아들여 동계에 있던 병마사 김덕진과 부사 임신행 등을 개경으로 회군토록 명하였소."

예종의 대답이었다.

"전하, 북변北邊에서의 철군은 여진 오랑캐에게 힘을 기를 수 있는 기회를 만들어 주는 결과가 될 것인즉 즉시 북변의 방비를 더욱 굳건히 하는 한편 선왕의 밀지를 받들어 여진정벌의 명을 내리시어 역대 선왕의 숙원인 척지대업을 이루도록 하셔야 되옵니다. 전하, 그 길만이 이 나라의 백년대계를 굳은 반석 위에 올려 놓는 길이옵니다."

"경의 뜻을 내 충분히 알겠으나 조정 대신의 뜻이 한결같지 아니하여, 서둘러 출정을 명하지 못하고 있는 과인의 처지도 알아 주시오."

예종은 퍽 난처해 하는 표정을 지어 보였다.

윤관이 어전을 물러서자 예종은 묵상에 잠긴다.

그 뒤에도 윤관은 몇 차례에 걸쳐 예종에게 출진의 뜻을 진언하였으나, 쉽사리 예종이 마음을 움직이지 못했다.

그러는 동안 동여진 완안부족은 날로 기세를 높인 끝에 다시 고려국 북방을 침범할 태세를 갖추기 시작했다. 조정에서도 여러 대신들이 초조한 표정으로 서성대고 있었다.

결국 마음이 조급해진 대신들은 황급히 윤관의 집으로 향하였다. 마침 윤관은 집에 있었다. 하인의 안내에 따라 대신들이 들어서자 윤관은 곧장 자리에서 일어나 그들을 반갑게 맞아들였다. 대신들은 윤관에게 여진이 침노할 기미가 보인다며 자초지종을 전했다.

"아무튼 저를 찾아 주셔서 고맙소이다. 이는 천지 신명께서 아조의 성업이 이루어지도록 굽어 살피신 덕이라고 생각됩니다."

윤관의 말이었다.

"그럼 속히 전하를 뵙고 여진 정벌의 명을 내리시도록 다같이 아뢰어 봅시다."

한 대신이 주위를 살피며 조심스레 말했다.

"일찍이 선왕께서는 여진의 침략이 극심하고 이를 막을 국력이 미치지 못하자 천지신명께 여진정벌의 서소誓疏를 올리고 중광전의 불감에 그 서소를 보관시킨 바 있소. 전하께서 선왕의 유지가 든 그 서소를 친히 보신다면 비분한 생각이 더할 것이며 곧 출정령出征令을 내리실 것이오."

윤관의 이 말에 대신들은 그저 의아해 할 뿐이었다. 그들은 예종에게 불감에 보존된 서소 이야기를 하면서 여진을 격퇴할 대책을 숙의하였다. 그리하여 예종 몸소 스스로 열어 서소를 꺼내며 눈물지었다.

"이것이 승하하신 성고聖考의 밀지密旨가 적힌 서소란 걸 짐이 어찌 잊었겠소?"

예종이 윤관을 향해 반문하는 말이다.

"예, 그러하옵니다. 국토수복의 염원이 담긴 선왕의 뜻이 이 서소에 담겨 있사옵니다."

"그렇소. 성고聖考의 유지遺志가 이토록 심절하니 어찌 잊을 수 있으리오. 즉시 의논을 정하여 출사토록 하시오."

예종의 말이 떨어지기가 무섭게 여러 대신들은

"성은이 망극하옵니다."

하며 머리를 조아렸다. 이때 윤관의 표정은 비장하기만 했다.

북벌의 뜻 다져

고려의 화랑인 예종이 즉위한 원년인 1106년 정초부터 상서로운 기운이 고려 강산에 서려 있었다. 서남방에 혜성이 나타나자 백성들은 누구나 놀라지 않을 수 없었다. 이 혜성은 한 달이 넘도록 밤마다 나타났다.

젊은 왕 예종은 그해 3월과 8월에 부왕 숙종의 우궁虞宮에 배알하며 성지를 되새기곤 했다.

출정을 앞두고 선왕의 신주神主를 우궁에서 개국사開國寺로 옮겨 드리는 등 선왕의 남긴 뜻을 받드는 정성이 어찌나 지극했던지 그해 가을에는 꿈에 숙종대왕이 나타나 깨우쳐 주는 감회가 사무쳐 부시賦試 세 편을 지어 막료들에게 보이기까지 했다.

한편 예종은 평장사平章事 윤관으로 하여금 천수사天壽寺의 역사役事를 감독케 하며 선물까지 한 일이 있었다. 1106년 9월 기념이 될 만한 물소 뿔로 만든 띠 한 벌을 윤관 장군에게 친히 선사하는 한편 여러 신하들에게는 비단 선물을 희사했다.

선왕 숙종에 대한 정한보다도 북벌의 성업聖業, 그 유지遺志를 생각할 때마다 예종은 감분의 마음을 이기지 못하였다. 그러나 예종의 눈물맺힌 한을 달래는 대업의 착수도 먼 것만은 아니었다. 윤관 원수의 애소에 따라 선왕이 대용단을 내린 별무반의 양병은 착착 진행되어 나가고 있었기 때문이다.

그해 11월이었다. 왕명을 받은 중서시랑 동평장사 윤관과 지추밀원사 어사대부知樞密院事御史大夫 오연총은 숭인문 밖에서 신기군·신보군을 사열하였다.

고려군은 이제 과연 신기와 신보로 어느 전투에 나가도 필승할 기상이 넘쳐 있었다. 북벌에 출정하면 오랑캐 정복도 시간 문제였다.

1106년도 저무는 섣달이 되었다. 예종은 문덕전에 나가 평장사 윤관 원수로 하여금 〈무일無逸〉을 강론케 하는 한편 오연총에게도 《예기禮記》를 강의하게 했다. 모든 문신을 비롯한 중신重臣들에게 정신의 무장을 하도록 하는 왕의 배려였다.

예종은 틈이 나는 대로 그가 즉위한 중광전重光殿에 나와 상장군 이하 군사들에게 활쏘기를 하도록 권장하고 과녁을 명중하는 명사수에게는 말과 비단을 하사하며 격려하기를 잊지 않았고, 경전을 강론하는 데 감복하여 윤관과 오연총에게 선물로 의대를 포상하기도 했다.

별무반을 통솔하며 무예를 단련시키는 윤관 원수에 대한 예종의 예우는 이처럼 극진하기만 했다.

윤관은 일찍이 삼국통일의 성업聖業을 이룩한 화랑정신에 감화받은 바 컸다. 원래 화랑의 정신은 우리 역사의 주체정신의 자랑스런 흐름을 이룬다.

특히 윤관의 척지정신拓地精神은 민족 주체정신의 권화權化라 이를 만하다. 국선國仙이라고도 하는 화랑정신을 이어받은 그는 새로운 전통을 세우고자 분투했다.

윤관 대원수의 시대는 고려 전성시대였다. 11대 문종으로부터 12대 순종, 13대 선종, 14대 헌종, 15대 숙종, 16대 예종에 이르는 76년 기간의 전성시대 거의 대부분이 문숙공의 활동기간으로 되어 있다. 이는 윤관이 만든 시대라는 느낌마저 들기도 한다.

숙종은 여진 정토의 서소書疏를 후대에 남기고 유명을 달리 했다. 이 서소를 길이 간직하여 마음속 거울로 삼고 있는 예종과 윤관 도원수는 화랑의 기백이 감도는 국선國仙의 뜻을 지니고 있었다. 예종시대에 와서 왕이 "문무 양학兩學은 국가 교화敎化의 근원이다. 이 양학을 세워 제생諸生을 양육함으로써 장래 장상의 천거에 갖추게 하라"라고 특명을 내린 것도 화랑정신의 실천을 서두르는 복음의 선포나 다름이 없었다.

동북 여진과 대치하는 때에 무학재武學齋의 설치로 문무 양학재가 마련된 것은 앞서 고구려 시대의 문무 일치 교육제

도와 서로 통한다. 예종이 학문을 좋아하고 선비를 아끼는 임금으로 국선의 맥을 잇고자 무학재를 둔 영단은 고려 전성시대 학풍의 특색을 이룬다.

누구보다 바람직스런 장상인 윤관 대원수의 북벌 출정의 대업은 화랑정신의 중흥으로 역사상 찬연히 빛난다. 12세기에 접어들어 한반도의 주체정신은 윤관의 여진정벌을 통해 비로소 그 강인성과 위대성을 발휘하게 된다. 북변 개척이야 말로 신라의 3국 통일 이상의 큰 뜻을 품고 있다.

1106년 말경 윤관은 연영전 대학사延英殿大學士가 되고, 이듬해 7월 참지정사參知政事로서 상주국 수국사上主國修國史로 겸관兼官되었다. 이는 당시 정2품正二品의 요직이었다.

그해 1107년 예종 2년 10월에 접어들어 왕은 송림현에 행차하여 불정사佛頂寺를 중수하여 자천사資薦寺로 이름을 바꾸면서 선왕 숙종의 명우冥祐를 빌어 마지않았다.

"선왕이시여. 3년 전 여진 오랑캐에 패전한 나라의 수치를 이제 설분하겠나이다."

예종은 울먹이며 다짐했다. 일찍이 돌아간 숙종은 군세軍勢가 채 크지 못하여 부득이 여진과 강화를 청해 동맹을 맺고 돌아온 윤관 대원수에 대하여 오히려 격려로써 분심을 억누르고 천지신명 앞에 고해서 적당의 소탕을 빌어 마지않았다. 문숙공의 뜻에 따라 신기군을 비롯한 별무반 편성에 들어가 20세로부터 60세까지 고려 사람 누구나 다 평등하게 군사 훈련을 받게 하여 수십만 정병精兵을 양성하는 한편 군량미도 상당히 저축하여 다시 북정에 나설 모든 준비를 마쳐 놓고 있었다.

이에 모든 마음의 준비를 해놓은 예종이 그해 10월 마침내 일대 용단을 내렸다.

대신들을 모아 놓은 자리에서였다. 예종은 중광전 불감에 간직하여 두었던 선왕 숙종의 서소를 꺼내었다. 이 서소란 북계 여진의 정벌을 맹세하는 축원문이었다. 이 서소를 꺼내 대신들에게 보이자 공경 대신들은 받들어 읽으며 눈물을 감추지 못했다.

윤관이 왕 앞에 나아가 아뢴다.

"성고의 밀지가 깊고 간절함이 이와 같을진대 어찌 잊을 수 있겠습니까? 선왕의 유지를 받들어 적을 정벌하기를 간청하옵니다."

화랑정신을 물려받은 예종이 문숙공의 진언대로 일단 여진정벌의 결단을 내리자 그 구체적 준비는 서둘러 착착 진행되었다.

조정의 대신들과 왕의 마음이 하나가 되어 있었고, 온 백성들의 마음 또한 왕의 뜻을 받들어 한 덩어리가 되었다. 두려울 것이 없었다. 윤관 대원수가 주동이 되어 오연총·임간 등과 새로이 편성하여 2년 반 동안 밤낮없이 훈련시켜 온 별무반은 막강한 정예군이 되어 있었다.

이제 전투체제로 재편성하면서 장기전에 대비할 군량미의 비축도 충분하였다. 더욱이나 별무반의 정신무장은 철통 같았다.

앞으로 실전에 나아가 어떻게 신출 귀몰하는 위력을 발휘하느냐? 여기에 고려의 앞날은 운명을 걸고 있었다.

도원수로 총진군

예종은 윤관 도원수에게 출정을 명하기 앞서 여진군을 물리칠 장수들의 부서와 직책을 다음과 같이 결정하였다. 이는 도원수의 뜻에 따른 배려의 반영이기도 했다.

    도원수 윤관
    부원수 오연총
    중군 병마사 김한충金漢忠
    좌군 병마사 문관文冠
    우군 병마사 김덕진金德珍
    해군 병마사 양유송梁惟竦
    해군 원흥도부 서사 정숭용鄭崇用
    해군 진명도부서 부사 견응도甄應圖
    병마 판관 김부필金富弼
    병마 판관 최홍정崔弘正
    병마 판관 황군상黃君裳
    녹사 탁준경拓俊京
    녹사 이준양李俊陽
    장군 이관진李冠珍
    병마영할 임언林彥
    좌군지사 강증康拯

드디어 1107년 윤10월 20일이 밝았다.

예종은 순천관順天館 남문에 나가 열병을 실시하였다. 보병과 기병, 그리고 특수병 등 3군이 일제히 대오를 정비하였다. 명령 한 마디만 떨어지면 산악이라도 무너뜨리고, 대하의 흐름쯤 돌려 놓을 듯한 고려군 진영의 늠름한 기상이 눈동자마다에 이글거린다. 지난날의 패전을 설욕하고도 남을 의기 남아들의 위용은 당당하고 장엄하였다.

남문 광장의 왼쪽에는 갑옷으로 무장을 하고 말을 탄 신기군神騎軍이 창칼을 높이 들고 전의만만戰意滿滿하게 정렬해 있었고, 신기군의 옆에는 활 쏘는 훈련을 주로 해온 경궁군梗弓軍이 어깨에는 큰 활들을 메고 등 뒤에는 화살통을 메고 서 있었으며, 그 옆에는 신보군神步軍이 천리길을 단숨에 달려 적을 격파할 듯이 기개도 높게 정렬해 있었다.

또한 그 옆에는 항마군降魔軍이 서 있었다. 법장法杖을 창검으로 바꾸어 쥐고 전장에 나갈 호국 승병들이었다.

윤관 대원수 또한 지장智將이자 용장勇將으로서 그들을 지휘할 자질과 능력을 갖추고 있었다.

계속하여 특수병으로 도탕군跳盪軍·정로군精路軍·발화군發火軍들이 각기 그들 특유의 옷차림으로 정렬해 있었다. 신보군·항마군 등 보병과 신기군 기병, 그리고 특수병들이 각각 대오를 정비한 뒤에 예종 임금이 열병대에 올랐다.

윤관은 군사들을 호령하여 열병을 시켰다. 임금은 즉위 후 첫 출병을 명하는 만큼 근엄하나 긴장된 자세로 군사들을 굽어보며 사열을 받았다. 군악이 울리며 병정들이 절도 있게 예종대왕을 향하여 경의를 표한다.

젊은 임금은 감격어린 표정으로 답례를 해 보인다. 이윽고

힘찬 어조로 장병들의 충용무쌍한 기백을 예찬한 뒤 윤관 대원수 등 지휘관을 격려하며,

"제관들의 노고를 치하하오. 앞으로 우리나라의 운명이 그대들 두 어깨 위에 얹혀 있음을 깨닫고, 분발하기를 바라오."
하고 윤음을 내린다. 그리고는 열병한 군사들에게 미리 마련한 은포銀布와 주식酒食을 하사하였다. 이에 모든 군사들이 기뻐하며, 성은이 망극함을 마음마다에 새겼다.

열병식과 연회가 끝나자 곧 왕은 어전회의를 주재한 뒤에 윤관과 오연총을 불러들였다.

"짐은 오늘로써 묘의廟議의 따라 윤관 참지정사를 여진 정벌에 행영대원수行營大元帥로 임명하고, 오연총 장군을 그 부원수로 임명하는 바 이번에야말로 선왕의 밀지에 따른 성스러운 대업 성취에 필승하기 바라오."

이윽고 윤관 대원수가 예종대왕 앞에 숙연한 음성으로 아뢰었다.

"신이 일찍이 성고聖考의 밀지密旨를 받들고, 또 지금에 엄명을 받들게 되었사오니, 어찌 감히 3군을 통솔하여 적의 보루를 깨뜨려 우리 강토를 되찾아 국치를 씻지 않겠습니까?"

윤관 원수의 책무는 실로 막중하였다. 조정에서 그를 중용한 것은 문무 겸전의 역량을 아낌없이 평가한 데 있었다. 무엇보다 그의 정복자의 피가 들끓고 있었다.

드디어 출정의 날은 가까워 왔다.

대오를 정비한 고려 별무반 3군은 북서풍 휘몰아치는 밤을 도와 야간행군으로 나는 듯이 서경에 당도하고 있었다.

이 중에서도 탁준경이 녹사錄事로 발탁된 것은 도원수의

특별 천거에 의함이었다. 탁준경은 장주張州의 종사從事로 있을 때 죄를 범하는 실책을 저질렀다. 그는 한동안 실신失神한 체하며 여기저기를 떠돌았었다.

탁준경의 말은 감격에 차 있었다.

"… 이미 나라의 죄인이 되었으나 소인을 다시 출정토록 하여 주시니, 지난 날의 울분에 사무친 일을 거울삼아 원수님을 도와서 용맹을 다할 결심입니다."

탁준경의 말이 끝나자 윤관이 말했다.

"탁준경! 자네가 말하고자 하는 어려움도 아네. 우리 고려군은 적을 굴복시켜 승전으로 이끌 수 있는 기개가 넘친다네. 한시 빨리 나가 승첩을 올려보게나."

탁준경은 할 말을 잃고 멍하니 윤관을 바라볼 뿐이었다.

윤관이 언성을 가다듬어 "문제는 모든 군사가 한마음이 되어 척지대업을 이루는 데 있지 않겠는가?"라고 할 때 그 말투는 준열하기만 했다.

그러자 탁준경은 벌떡 몸을 일으켜 방을 나섰다. 어언 첫 새벽이었다.

대고려 기상 품고

1107년 11월 9일이 밝았다.

"전하, 서경으로 행차하여 장수를 전송하시옵소서."

일관日官의 간언에 따라 예종은 서경으로 향해 왕가王駕를 행차시켰다.

닷새 뒤인 14일에 서경인 평양에서 임금은 출정하는 장수들을 격려해 마지않았다.

출정의 날이었다. 30만 대군이 집결한 자리에서 임금은 윤관 도원수에게 친히 부월을 내린다. 부월이란 왕이 손수 하사하는 사령관의 무기다. 그때 예종대왕이 윤관 도원수를 격려한다.

"윤관 도원수, 내 그대가 여진 오랑캐군을 섬멸하고, 척지진국의 성업聖業을 이룩할 수 있으리라 믿소. 선왕先王의 높으신 뜻이자 이 나라 1백만 백성들의 한이 맺힌 우리의 이 간절한 소원을 부디 성취시켜 주시기 바라오."

이에 윤관은 가슴이 뭉클하여

"성은이 망극하여이다. 신이 일찍이 선왕의 밀지를 받들고, 지금 또 부월을 내리시니 3군을 통솔하여 적의 소굴을 깨쳐 소탕하고 우리 강토를 개척하여 지난날에 나라가 받은 치욕을 어찌 씻지 않겠나이까?"

하고 자신에 찬 어조로 말했다.

어명으로 출격 명령이 떨어진 날, 1107년 12월로 접어들어 높새바람 휘몰아치는 초하룻날이었다.

윤관 도원수의 지휘를 받은 고려 군사 30만이 정주성 안팎에 진치고 함성을 지르며 바람같이 북원北原으로 내닫는다. 호호탕탕 물밀 듯 여진 군영을 향해 쳐들어간다. 그 기치와 창검이 하늘을 가리우고 고함소리가 산천을 진동하였다.

윤관 원수의 2차 북정은 신기 · 신보 · 항마의 3군과 수륙 양군 등 5군을 거느린 고려군으로 이루어졌는데 그 양에 있어서는 30만 대군이었고, 그 질에 있어서는 천하 정예군이었다.

고려군 가는 곳에 곧 새로운 국경이 그어질 그런 기세였다. 인구 1백만에 정예군 30만이나 총동원령이 내려진 이상, 전방에 집결된 대고려大高麗의 무서운 예기를 그 누가 당적해 내랴. 영광스런 역사의 막은 올랐다. 나이 어린 철부지나 노약자를 제외한 모든 고려인들이 철통같이 진영을 정비하고 진군에 진군을 거듭한다.

이를 총지휘하는 윤관 도원수는 중군을 직접 밀고 나갔다. 신출 귀몰하는 웅략과 전술이 쉬지 않고 구사될 순간을 눈앞에 두고 있었다.

역사가 열린 이래 가장 큰 규모의 거족적인 총동원의 출진이었다. 그 누구 있어 고려군 앞에 당적하랴.

초전 격파 뒤 총진군

여진 완안부의 우야소 군을 치기 위해 서경의 북문을 떠나 장도에 오른 윤관 도원수 휘하 30만 대군은 계속 동북쪽을 향해 돌풍같이 진군하였다. 고려군이 거족적으로 진군한 우선적 목표는 동계東界가 속한 정주 싸움이었다.

이때 고려는 군사상 중요한 요충지였던 북방에 양계兩界를 두어 통치하였다. 양계는 동계와 북계北界(뒤에 흔히 西界라고도 함)를 총칭한 이름인데 동계는 지금의 함경도 지방을, 북계는 지금의 평안도 지방을 가리킨다. 이 지역은 이민족과 접경하여 있던 관계로 매우 중요시되어 이 지방에만은 특별히 병마사兵馬使를 배치하여 군정軍政을 실시하였다.

동계를 동북면東北面, 북계를 서북면西北面이라고도 했다. 양계가 여진의 말발굽 아래 위협을 받고 있음에 날쌘 병사들이 고지高地와 평원지대를 내달았다. 대오를 정비하여 동계의 국경을 향해 진군하는 윤관 대원수의 고려군은 보무도 당당하였고, 위세가 등등하였다.

말을 탄 신기군이 앞서서 진군하고 뒤에는 보병들이 갑옷으로 무장하고 창과 칼, 그리고 각 군의 특색을 살린 복장을 하고 따라간다. 말굽 소리, 북치는 소리, 때로 군호하는 하급 장교들의 목소리가 어우러져 요란하고 세찬 진군이 산하를 채웠다. 진군하는 고려 군사들의 눈빛은 불을 토하는 듯 번쩍였다. 하나만 보면 열을 알 수 있다는 말과 같이 이번의 고려 군사들이 얼마나 훈련이 잘된 정예병들인가는 행군 대열에서 한눈으로 지켜 볼 만했다. 지난번의 패전을 만회하려는 결의에 차 있는 것을 누가 보아도 알 수 있게 했다.

관로官路를 따라 행군하여 며칠 후에는 동계의 장춘역長春驛에 도착하게 되었다.

윤관 도원수는 곧 지시를 내려 역사 주변의 들판에 진을 치게 하였다. 막사를 짓고 저녁 취사가 끝나자, 이윽고 진지의 여기저기에 모닥불이 타오르고 있었다.

북방의 차가운 겨울 바람이 불어왔다.

윤관 도원수의 막사 앞에는 부원수 오연총을 비롯하여 병마사들이 긴장된 표정으로 둘러앉아 있었다. 김한충·문관·김덕진, 그리고 양유송·정숭용·견응도·최홍정·황군상 등의 막료장수들이 윤관 대원수를 둘러싸고 작전회의에 열을 올린다.

얼마 지나지 않아 곧 적정 염탐의 보고가 왔다. 염탐꾼들은 입을 모아,

"여진군은 편제를 갖추지 못한 채 각 부락이나 지역 단위별로 분산되어 진을 치고 있으며, 전반적인 위세는 대단하지 않으나, 몇몇 기병 부대의 무용은 대단해 보이더이다."
라는 보고를 했다.

이윽고 장수들의 구수회의가 있은 후, 윤관 도원수의 막사에서는 이를 종합하여 정세 분석을 한 결과 아직 여진군은 고려군의 내정을 정확히 파악하고 있지 못할 뿐만 아니라 북벌의 굳은 의지를 제대로 눈치채지 못하고 있어, 기계奇計로 기습을 가하면 초반의 승리는 틀림없으리라는 확신이 섰다. 이어 윤관 도원수가 위엄 있는 목소리로 말한다.

"여러 장수들! 적을 유인하여 초전에 적에게 큰 타격을 입힐 묘안은 없겠소?"

잠시 침묵이 흐른 후, 병마판관 최홍정이 일어서서 말했다.

"소인에게 반드시 적을 유인하여 쳐부술 계책이 있사옵니다." 하고는 윤관 도원수에게 가만가만 귓속말을 한다.

"음······."

듣고 있던 윤관의 고개가 끄덕여졌다.

그 다음날이었다. 도원수는 병마판관 최홍정과 황군상을 장주長州와 정주로 나누어 출진시켰다.

장주에 달려 온 최홍정은, 부하들로 하여금 그 부근의 여진 마을의 정황을 샅샅이 살피게 하였다.

그리하여 황군상의 정주쪽 부대와 합하기 위해 다시 정주로 나는 듯이 들어갔다. 정주·장주 두 곳의 적정을 종합적

으로 파악한 그들은 드디어 구체적인 작전을 세웠다. 그들은 몇몇 병졸들만 거느리고 여진 마을로 들어가 그들의 수장을 만났다.

"지금 우리 고려의 조정에서는, 여진족과 화친을 맺고자 배려하고 있는데 어떻게 생각하오?"

여진 수장은 한참을 생각에 잠겼다가 "그러면 그 무슨 증거라도 있나요?"하고 묻는다.

이에 최홍정은 "예전에 잡혀왔던 여진족의 추장 허정과 나불 등을 곧 풀어놓아 돌려보낼 테니 꼭 와서 명령을 받도록 하면 되오."하고 대꾸하였다. 그러자 여진족들은 기뻐하여 "꼭 그리하겠소이다."라고 하였다.

그날 저녁이었다. 고라古羅 등 4백여 명의 여진 군사가 허정·나불을 데리러 정주성으로 왔다. 고마움의 표시로 많은 진상품도 가져왔다. 고려 진영의 두 병마판관은 작전 계획대로 일이 착착 돌아가자 속으로는 회심의 미소를 지었으나, 겉으로는 내색하지 않고 잔치를 열어 이들을 환대하였다. 정주지방의 일품 토주土酒에다, 고려의 미희들까지 불러 흥을 돋움에 여진 군사들은 흠뻑 취하게 되었다. 또한 그들을 맞아 술잔을 주거니 받거니 하고 있던 고려 군사들도 동시에 거의 모두 취하였다. 갈등이 끊이지 않던 정주지방의 여진군과 고려군 사이에 화친의 기운이 무르익는 듯 보였다.

그러나 그때였다. 갑자기 수령 고라가 의심이 나는 듯 물었다.

"최 장군님, 우리의 추장인 허정·나불님은 어디에 계십니까? 왜 시간이 오래 되도록 풀어 주시지를 않으십니까?"

"하하하하…. 뭘 그렇게 의심이 많소이까? 부하에게 시켜 놓았으니, 곧 데리고 올 것입니다."

최홍정은 말을 마치자 누구를 부르는 듯 박수를 쳤다. 그러자 갑자기 밖에서는 함성이 일면서 일단의 고려 병사들이 쏟아져 들어왔다.

술에 취해 정신이 몽롱하던 여진 군사들은 정신이 번쩍 들었으나 이미 때는 늦었고, 잔치 자리는 아비규환의 생지옥으로 변하였다. 고려군의 기만전술에 걸린 여진 군사들은 그야말로 완전히 함정에 빠진 격이었다.

그런데 같이 온 일행 중 5, 6십명 가량의 약고 굳센 사람들이 있어 관문을 들어오기를 꺼려 밖에서 기다리고 있었다. 최홍정은 잔치 중에서도 이들에 대한 대책을 세워 놓고 있었다. 병마판관 김부필, 녹사 탁준경으로 하여금 이미 길을 나눠 군사를 매복시켜 놓고 있었다. 그리하여 나머지 여진 군사들도 거의 다 사로잡히거나 죽음을 당하고 말았다.

계략은 대성공이었다. 정주에서의 성공의 보고를 받은 윤관 원수는 급히 막료회의를 열었다. 드디어 총진군의 명령이 떨어졌다. 주사위는 던져졌다.

윤관 도원수는 전체 군사를 5개 부대로 나누어 자신이 5만 3천 명을 인솔하고 주력부대가 되어 정주 대화문大和門으로 나가 함흥평야의 전면을 북쪽으로 진격하였고, 중군 병마사 中軍兵馬使 좌복야 김한충에게 3만 6천 7백 명의 군사를 주어 안륙수安陸戍로 나가 정주 동쪽에서 장성을 넘어 함흥평야를 가로질러 함흥을 거쳐 다시 동북쪽으로 함관령을 넘어 홍원을 향하여 진격케 하였다.

또한 좌군 병마사 좌상시左軍兵馬使左常侍 문관에게 군사 3만 3천 9백 명을 주어 정주성의 홍화문弘化門으로 나가 주력군과 협동하면서 평양지대 전면의 구릉을 타고 북쪽으로 진출케 하였으며, 우군 병마사右軍兵馬使 병부상서 김덕진에게 군사 4만 3천 8백 명을 주어 선덕진宣德鎭(지금의 광포 동쪽)으로부터 장성을 넘어 수군과 호응하여 안해安海 해안선을 따라 동쪽으로 진출케 하였다. 양수兩戍 사이에서 방벽을 치고 적을 막는 진지구축이었다.

그리고는 이와는 달리 선병별감船兵別監 이부 원외랑吏部員外郞 양유송과 원흥도부서사元興都部署使 정숭용, 진명도부서부사鎭溟都部署副使 견응도 등에게 선병船兵 즉 수군水軍 2천 6백명을 주어 도린포都鱗浦로 나가 대내파지촌大乃巴只村을 지나게 하였다. 전의는 절정에 달하여 있었다.

12월 중순 무렵이었다.

동여진의 소굴에 고려군의 번개 같은 기습작전이 이처럼 파상적으로 전개될 때 윤관 도원수의 중군이 대내파지촌을 지나 북으로 진군하자 그 위용이 온 세상을 무너뜨릴 듯하고 말발굽 소리, 고함 소리가 산천이 떠나갈 듯하였다.

이러한 고려군의 위세에 여진군은 반나절도 못되어 간담이 서늘하여졌다. 감히 싸울 엄두도 못내고 풍비박산되어 도망하기에 급급하였다.

이윽고 문내니촌文乃泥村에 이르자 적은 동음성冬音城으로 들어가 성문을 걸어 잠그고 지켰다.

이에 윤관 도원수는 병마영할兵馬鈴轄 임언林彦으로 하여금 최홍정과 함께 정병을 동원하여 성을 치게 했다. 고려의 날랜 병사들이 있는 힘을 다해 동음성을 공략했다. 불을 뿜는 그 기세에 드디어 굳게 잠긴 성은 깨뜨려지고, 여진군은 견디다 못하여 성을 버리고 달아나기 바빴다.

한편 좌군은 석성石城 밑에 이르러 여진이 둔취하고 있는 것을 보고 일단 진군을 멈추었다.

좌군을 이끌던 장수는 문관이었다. 문관 장군은 적이 결사적인 저항을 시도할 경우를 대비하여, 우선 적에게 항복을 권유하는 방침을 세웠다. 자신의 직계 부하들과 상의해 본 결과 여진 말을 잘하는 사람으로 대언戴彥이란 사람이 있었다. 그를 시켜서 항복을 권유해 보는 것이 좋으리라는 제안이 나왔다. 문관은 곧 대언을 불러들였다. 원래 이 대언은 정주 북방의 한 촌락에서 살아왔다. 어렸을 때부터 여진족과의 경계지대에서 살아온데다가 때로는 여진족의 휘하에서 지내기도 했다. 그들의 말을 잘할 뿐만 아니라, 여진족의 내정에도 밝은 터였다. 또한 거친 세상에서 살아오느라고 담량도 유달리 커서 여진에 보내는 사신으로서는 안성맞춤이었다.

이윽고 문관은 대언에게 뭐라고 지시를 하였다.

대언은 즉시 "예, 저 여진군을 꼭 설득하여 투항시켜 보겠나이다." 하고 말했다. 곧 대언이 말을 달려 석성 아래에 가서 외쳤다.

"여보게. 너의 친구, 나 대언이 왔다. 너희들의 살 길을 가르쳐 주려 왔으니 내 말을 잘 들어라."

그러자 대언을 알아보는 여진 군사가 대응하여 말하였다.

"대언이, 무슨 말이냐?"

"만약 지금 너희들이 싸움을 중지하고, 굴복치 않으면 고려군은 사정없이 너희들을 전멸시킬 것이다. 그러나 지금 순순히 항복하면, 너희들은 특별 대접을 받을 것이다. 그러니 지금 당장 귀순함이 너희들을 위해서도, 고려국을 위해서도 가장 좋은 방도인 줄 알아라."

이러한 대언의 말에, 가뜩이나 고려군의 위세에 눌려 있던 여진군의 수령들은 동요되기도 하였으나, 그들 중 용감한 자가 있어, "우리는 비록 죽더라도 한번 싸워 승부를 결단하려고 한다. 어찌 너희 고려에 항복한단 말이냐?"하고 맞섰다. 대언도 할 수 없이 되돌아왔다. 여진은 더욱 사기를 돋우어 싸움을 걸어온다. 돌과 화살이 비오듯이 날았다.

그러자 고려 군사들도 한때 주춤하여 감히 전진을 보류하고 있었다. 여진족은 고려군과 적지 않은 전투 경험이 있어 전투에도 그리 만만하지가 않았다. 고려군이 워낙 많은 군사를 동원하여 그 위세가 굉장하므로 감히 대적하지 못하고 도망하지만, 때로는 그 패잔병들이 서로 한 군데로 모일 때 그 끈질기고 포악한 근성을 나타내어 최후의 발악을 하게 되므로 고려군에게도 큰 문제점이었다.

그들은 어떠한 질서와 강력한 통제 아래 행동하는 것은 아니었지만 지리멸렬한 속에서도 그들 세력이 뭉치게 되면 가볍게 취급할 수 없었다. 지금의 유격 전술이라고나 할 수 있는 저항력이 있었다. 하지만 여진 오랑캐의 게릴라쯤 고려 대군 앞에서 가을 바람에 하늘거리는 가랑잎 이상일 수는 없었다.

거듭되는 기습에 휘말려

문관의 좌군이 작전상 얼마간을 지체함에, 곧 윤관 도원수의 주력 부대가 이 석성까지 다다르게 되었다. 일시 소강상태의 보고를 받은 도원수는 대책을 강구하였다. 돌격함이 없이는 적을 물리칠 수 없는 가파른 전황이었다.

이윽고 윤관은 녹사 탁준경을 불러들였다.

"이번 전투에서 내 오른팔이 되어 주기 바라오. 탁 장군의 무운을 빌 뿐이오."

윤관 도원수의 말이 끝나기가 무섭게 갑옷 차림의 그는 드디어 석정 아래 적진으로 말을 달려 뛰어 나갔다.

"네 이놈들, 이 탁준경과 맞서 싸울 자가 없느냐? 비겁하게 숨지만 말고 나와서 한번 맞서 보자."

그러자 여진군 쪽에서 한 장수가 튀어 나오며 "네 이 무례한 놈, 내 창을 받아라." 하고 용맹스럽게 달려들었다.

탁준경은 날카로운 창을 피하며 말을 옆으로 돌려 달려들며 "에잇!" 하고 큰 칼을 휘두른다. 적장은 맥을 못 쓰고 한칼에 목이 굴러 떨어졌다.

그러자 여진군에서 다른 장수 몇이 말을 타고 뛰쳐나오며 "이놈, 하루 강아지 같은 놈!" 하며 탁준경을 양 옆에서 포위하려 들었다. 이에 탁준경이 좌충우돌 닥치는 대로 부닥뜨려 싸워 나가자 주장 두서너 명이 연거퍼 나가떨어졌다. 여진 병사들이 벌떼처럼 쏟아져 나왔다.

그러나 날랜 탁준경이 이른바 무인지경으로 돌격할 때마

다 여진 군사의 목이 마치 가을 바람 앞의 낙엽처럼 여기저기 나뒹군다.

이 광경을 지켜보고 있던 고려군 좌군 진영이 일거에 밀어닥쳤다. 이렇게 되자 적들은 성 위에서 돌을 던지고 활을 쏘는 등 완강히 대항하였으나, 용기 백배한 고려군에게 당해내지 못하고 혼비백산하여 달아났다. 여진의 어떤 병사들은 자기들이 던지는 암석에 깔려 죽는 등, 여진군은 지리 멸렬하였다. 고려군은 이 싸움에서 크게 이겨 승전고도 드높았다. 싸울 때마다 승리의 깃발이 나부낌에 따라 고려군의 사기는 충천했다.

적들은 후퇴를 거듭하여 이위동伊位洞에 모여 패잔병과 인근 마을의 백성들을 끌어다가 다시 세력을 집결시키려 했다.

여진 장수에 감내로 甘乃老란 자가 있었다. 우야소의 부하들 중에서도 지략이 있고 담력이 대단한 장수로서 공아와 더불어 사람들의 입에 오르내리는 장수였다.

임간과 1차 출정 때에 윤관 원수를 패전시키는 데 있어서 하급 장수로서 큰 전과를 거두었던 적도 있었다. 이 이위동에 웅거해 있는 여진족의 우두머리는 바로 이 감내로였다. 감내로는 그곳에 집결해 있는 여진군을 통솔하여 치밀한 방위책을 강구하고 있었다.

한편 윤관 도원수는 병마 판관 최홍정과 김부필, 녹사 이준양에게 작전명령을 내린다.

"그대들은 곧 군사 3천을 거느리고 나가 이위동에 웅거하는 잔적殘敵을 쳐부수라."

세 장군은 곧 이위동을 향해 날랜 기마를 몰아 달려나갔다. 이위동은 원래 산간의 높은 지대에 있었으므로, 이위동 아래에 이르러도 여진측에서는 아무런 기척이 없었다.

그때였다.

갑자기 옆쪽의 산으로부터 일진의 함성이 크게 일면서 돌맹이와 화살이 비오듯 쏟아져 내려왔다.

"앗! 저런!"

고려 장수들은 한순간 당황했다.

가뜩이나 뜻하지 않은 기습에 많은 살상자를 낸 고려군은 거듭되는 기습에 갈팡질팡하였다. 적들은 일제히 활을 쏘아 고려군의 지영을 혼란케 했다. 여진군은 때를 놓칠세라 창과 칼을 꼬나 쥐고 당황하는 고려군을 사정없이 찌르고 베고 하였다.

참패를 당한 세 장수는 할 수 없이 살아 남은 군사들만을 거느리고 퇴각하지 않을 수 없었다.

허둥지둥 윤관 막사에 돌아온 세 장수는 고개를 수그리고 "도원수님, 패전한 죄를 다스려 주옵소서" 하였다.

그러나 윤관 도원수는 위엄 있게 말했다.

"그대들 세 장군! 고개를 드시오."

"……"

"비록 그대들이 패전하였다 하나, 옛말에 승패는 병가지상사兵家之常事라 하지 않았소? 이제 새로이 전열을 정비하여 치밀한 작전으로 다시 한 번 나가 이위동의 잔적을 격파하도록 하시오."

며칠 후, 다시 전열을 가다듬은 최홍정·김부필·이준양의 군사는 치밀한 작전계획을 짰다. 우선 세작細作을 풀어

나뭇군으로 가장시켜 이위동으로 가는 모든 길을 염탐케 한 후 야음을 이용한 기습작전을 펴기로 했다. 세작이 돌아와서 아뢴다.

"이위동은 높은 지대로 지세가 험합니다. 나무가 울창하여 남쪽과 서쪽으로 길이 나 있으나, 파수꾼들이 항상 감시를 게을리하지 않고 있습니다. 동쪽은 계곡이 너무 가팔라서 도저히 올라가기 힘듭니다."

최홍정은 날쌔고 영리한 부하를 시켜 동북쪽의 공략 가능 여부를 다시 한 번 염탐시켰다. 그 결과 그쪽으로의 공략이 가능하리라는 결론을 얻었다.

가는 곳마다 대첩의 승전고

며칠 후 저녁 나절이었다. 고려군은 세 패로 나누어서 진지를 출발하여 이위동 근처에 이르자 각군은 사전 계획대로 진용을 분산하며 흩어졌다. 김부필 군은 정면에서 함성을 지르며 화살들을 이위동 쪽으로 날려댔다. 아닌 밤중에 기습을 받은 이위동의 여진군은 곧 전열을 수습하여 맞서왔다.

"고려 장수 김부필이다. 괴수 감내로는 나와서 내 창을 받아라!"

하고 김부필이 외치자, 적은 고려군이 얼마 안된다는 것을 알고는 곧 쳐내려 왔다.

김부필은 대항하다가 못이기는 체 곧 후퇴명령을 내렸다. 후퇴하는 고려군을 여진의 감내로 무리는 부리나케 쫓아

왔다.

그러나 얼마쯤 후퇴하던 고려군은

"돌아서서 막아 싸우라!"

하는 김부필의 호령과 함께 즉시 반격을 개시하였다. 주춤한 여진군은 곧 김부필 군과 어울려 혼전을 개시하였다.

그때였다. 갑자기 뒤로부터 요란한 말굽 소리가 들리며, 일진의 군마가 달려 나왔다.

여진군은 자기들의 지원병이라고 여기고 힘을 내어 고려군을 밀어 붙이고자 하였다.

그러나 일진의 군마가 뒤쪽 가까이에 이르며,

"네 이놈들, 여진의 오랑캐 쥐새끼들아! 여기 고려의 이준양이가 왔다. 괴수 감내로는 내 칼을 받아라!"

하고 내지르는 벽력 같은 소리에 여진군은 정신이 번쩍 들어 뒤를 바라본다. 기세가 등등하게 칼과 창을 휘두르며 고려군이 오는 것이 아닌가.

감내로는 이에 이르자

"앗! 적의 계략에 빠졌구나, 다들 후퇴하라!"

하고 소리쳤다. 여진군은 뿔뿔이 흩어져 이위동 쪽으로 걸음아 날 살려라 하고 도망치기 시작했다.

날은 이미 어두어졌다. 여기저기에서 횃불이 올랐다. 순간 "여진의 잔적들은 이 최홍정의 불화살을 받아라!" 하는 벽력 같은 소리가 바로 이위동 여진의 소굴로부터 터져 나온다. 적들은 간담이 서늘해져서 일거에 어찌할 바를 모르고 불화살을 맞아 참혹하게 쓰러져 갔다. 겨우 일부의 잔당들이 혼신을 다하여 도망쳐 목숨을 건졌다.

이 싸움에서 여진군의 시체는 마치 베어 놓은 나뭇단처럼 여기저기에 쌓여 있었다.

고려군의 대승이었다. 기습작전의 계획이 적중한 결과였다. 고려군이 무려 1천 2백의 여진군 목을 자른 승리의 쾌보를 전해 들은 윤관 도원수는 세 장수들에게 각각 후한 상을 내렸다.

윤관은 이러한 대승의 여세를 몰아 대군을 거느리고 여진의 부락을 습격하여 몰아쳤다.

가는 곳마다 고려군의 승전고 소리 드높아 승리의 깃발이 나부끼고, 반항하던 여진군의 시체가 어지럽게 널려 있을 뿐이었다. 항복하는 자, 목숨을 애걸하는 자, 도망하는 자들. 그들은 여진의 무리들이었다.

한편 중군 병마사 김한충은 군사를 거느리고 여진 땅을 습격하여 여진 고사한촌高史漢村으로부터 차례로 적군을 쳐 물리치고, 도처에서 승전하고 적군을 쓸어버리며 항복받아 35개 부락을 점령했다. 적군 3백 80명을 죽이고, 2백 30명을 사로잡았다.

우군 병마사 김덕진은 군사를 거느리고 여진 군사를 습격하여 도처에서 승전하고 여진 부락을 점령하기 바빴다. 여진 광탄촌廣灘村으로부터 32개 촌을 점령하여 적군을 쓸어내며 항복받아 적군 2백 90명을 죽이고, 3백 명이나 사로잡았다.

좌군 병마사 문관 역시나 군사를 거느리고 여진 심곤촌深昆村으로부터 적군을 쳐서 이기고 31개 부락을 점령, 적군 9백 50명을 사살하였다.

윤관 노원수가 친히 거느리는 중앙군은 대내파지로부터

차례차례 37개 여진의 마을을 공파하고 나서 고려군의 깃발을 드날린다. 2천 1백 20급의 여진군을 한칼에 베는 한편 5백 명의 포로병을 거두었다.

고려군 가는 곳마다 승전보가 쏟아져 쇄도한다. 천하무적 고려 군사들이 내닿는 자리, 곧 고려의 새 국경이 되어 간다.

이리하여 정주의 북쪽, 곧 함흥 평야咸興平野 이북으로 홍원·북청·이원·단천·길주·성진·명·경성·청진·부령·회령·종성·경원 등지에 있던 여진 족속이 다 두만강 북쪽으로 멀리 달아나 물러가게 되며, 이 땅들은 윤관의 휘하군에 평정되었다.

윤관 도원수의 고려군은 이렇게 1천여 리 강토를 순식간에 점령하여, 수백년 동안 잃었던 땅을 하루 아침에 회복하게 되었다. 윤관 원수로서는 평생토록 품어온 꿈이 실현된 순간이었다. 그 기쁨이란 표현할 길이 없었다.

장하다, 고려군이여! 모든 장수와 군사의 기뻐 날뛰는 정경은 꿈만 같았다.

윤관 도원수가 이에 승전고를 울려 승리를 축하하자 장수와 용사들은 어쩔 줄 모르며 나라의 강성함을 자축하고, 천지가 진동하는 환호성을 토해냈다.

윤관 도원수가 북벌대첩 자축의 잔치를 베풀고 모든 장수와 군사를 위로함에 도원수에 대한 군사들의 신망은 물 끓듯했다.

윤관은 그날로 즉시 녹사 유영약兪瑩若을 개경에 보내 승전 첩서를 임금 앞에 올렸다.

예종은 이에 너무나도 기뻐하였다. 예종은 즉시 경령전景

靈殿 곧 숙종 사당에 행차하여 여진을 쳐서 승전한 것을 선왕의 신령 앞에 아뢰고, 모든 문무 관원 1천여 명을 불러 대궐 안에 모아 대첩을 축하하였다. 예종의 기뻐함과 일반 신민의 환호하는 모습은 한반도가 비좁은 형편이었다. 나라의 위엄과 세력이 저 멀리 북방까지 떨침을 축하하는 성스런 환호성의 물결이 울려 퍼졌다.

예종은 즉시 사자 유영약을 7품직 작위로 올려 주고, 좌부승지 병부랑중左副承旨兵部郎中 심후沈侯와 내시 형부 원외랑 內侍刑部員外郎 한교여韓皦如를 동북면으로 보내 북벌의 승전을 경하하는 조칙을 내렸다.

6.9 성

찾은 땅에 성 쌓으며

윤관 도원수는 제2차 북벌에 크게 승리하였다.

그러나 기쁨에 도취하여 있지만은 않았다. 윤관 도원수는 설레는 가슴에 뜬 눈으로 밤을 지새며 만주정복의 웅지를 펴볼 계략을 세웠다.

며칠 후인 1107년 섣달 막바지의 어느 날 윤관 도원수는 여러 장군들을 모아 놓고 말하였다.

"여진 오랑캐가 수백년 동안을 우리의 동북면東北面 땅에 살다가 이제 우리 군사에게 대패하여 그 땅을 다 내놓고 멀리 두만강 너머로 도망하였소. 또한 여진군은 우리에게 대항하다가 수많은 죽음을 당하였고, 많은 사람이 포로로 잡혔소. 그러나 그들은 반드시 동북면 땅을 다시 생각하여 군사를 모집하여 침노해 몰려올 것이 틀림없소이다."

이어지는 말에 힘을 준다.

"그러니 우리는 장기적 안목의 대책을 강구하여 우리가 정벌한 땅의 요지에다가 성을 구축하여 적군을 막을 방비를 주밀히 하는 한편 멀리 선춘령까지 돌파해 나갑시다."

윤관은 경계확정 및 축성을 위한 택지, 그리고는 각 성 구축의 책임자를 정하였다.

우선 윤관은 병마판관 김부필에게 지형에 밝은 군사들을 딸려 보내 경계를 확정짓게 했다. 그런 한편으로는 일관日官 최자호崔資顥로 하여금 군사를 딸려 보내어 성곽을 쌓을 만한 지세를 살펴보게 했다. 얼마 걸리지 않아 김부필이 돌아옴에 윤관 도원수가 물었다.

"그래, 어디에다 경계를 삼았는가?"

"예, 동쪽 경계는 화곶령火串嶺에 정하고, 서쪽 경계는 몽라골령蒙羅骨嶺에 정했으며, 북쪽 경계는 궁한이령弓漢伊嶺에다 정했습니다. 그리고 정한 지역에는 각각 경계비를 세웠습니다."

한편 축성의 택지에 나섰던 일관 최자호도 머잖아 돌아왔다. 최자호에 의하면 몽라골령 아래와 화곶령 아래, 그리고 오림금촌吳林金村과 궁한이촌이 축성할 만한 장소로서는 제일 적격이라 하였다.

이들을 지휘 감독하여 일을 독려하는 장군이 있었다. 도원수 휘하의 김한충이었다.

"다들 일손을 놓고 점심을 들고 하라!"

김한충의 명령에 한숨을 놓고 흘린 땀을 닦는 병사와 노역부들이었다.

그때였다. 멀리서 일진의 군마가 뿌연 먼지를 일으키며 달려 오고 있었다. 김한충은 얼른 달려나가 윤관 도원수 일행을 맞이하였다.

윤관은 말에서 내리며 "김장군, 노고가 많소. 내 그대들의 노고를 위로하려고 왔소이다." 하였다. 도원수는 이어 축성의 진행과정을 살피고는 몇 가지 주의점을 지적하고 나서 "김 장군, 여진 오랑캐가 언제 또 쳐들어올지 모르니 튼튼히 쌓아야 하오."하고 말하였다. 그리고는 가져온 술과 음식을 보급하였다. 병사와 노역부들이 환호성을 울리며 기뻐하였다.

영주英州 · 웅주雄州 · 복주福州 · 길주吉州 등 각지를 쉴새 없이 돌아보는 윤관 도원수의 나날이었다. 극진한 독려와 각 장수들의 노력으로 곧 성곽들은 쌓여져 갔다.

몽라골령 밑에는 김한충의 지휘로 성곽 9백 50칸을 쌓아 영주라 이름하였다. 화곶령 밑에는 9백 92칸을 쌓아 웅주라 이름하고, 오림금촌에는 7백 74칸을 쌓아서 복주라 이름했으며, 궁한이촌의 6백 70칸을 길주라 이름했다.

그리고 또한 윤관 도원수는 영주성에 호국인왕護國仁王 · 진동보제鎭東普濟란 두 절까지 세우도록 하여 나라를 위하여 복을 비는 동시에, 승군의 훈련장으로 적의 방어에 힘쓰게 하였다.

윤관 원수가 먼저 4성을 쌓음으로써 함흥으로부터 길주까지는 고려의 고을이 되었다. 그 안의 모든 백성을 선정으로 다스렸고, 군사의 방비태세도 날로 더욱 정돈되었다. 그리고 고려 백성이 부족한 데는 남방의 백성들을 새로 개척한 땅에 옮겨 살도록 하는 이민정책을 계속하였다. 윤관의 축성 작업과 이민정책은 먼 앞날을 내다본 주요 과업이었다.

고려는 팽창해 가는 국력을 밖으로 떨칠 뿐만 아니라 백성들에게 새로운 생활의 근거지를 마련하여 앞날에 대비하였다.

격전지 병목 위기 돌파

새로 찾은 우리 땅에 성을 쌓고, 땅을 개척하여 남방 백성들을 이주해 살게 하는 데 윤관 도원수가 전력을 다하는 동안 이미 해는 바뀌어 1108년 예종 3년이 되었다.

한편 파죽지세로 밀어붙이는 고려군의 기세에 간담이 서늘하여서 사상자와 포로를 수없이 뒤로 남기고 걸음아 나 살려라 도망치던 여진군은 다시금 준동하기 시작했다.

윤관 도원수의 근심은 그대로 적중되어 가고 있었다. 그들은 때로 고려군을 습격하기도 하고, 소규모로 떼를 지어 인근 마을을 가습하여 양곡이나 가축을 약탈하거나 부녀자를 겁탈하고는 산 속으로 숨어 버리기 일쑤였다. 특히 병항甁項이라는 곳에서는 여진 오랑캐의 잠동이 극심했다.

원래 이 병항은 '병목'이라고 불리웠는데, 이위동 북쪽 경계에 있었다. 지세가 험하고 외져서 산짐승이나 오랑캐의 군사들만이 침몰하는 지역이었다. 고려군이 장악했지만, 이곳에 나타나서 고려군을 기습하고는 하는 여진을 쉽게 물리칠 수가 없었다.

1108년의 정월 하순경, 이 병목에서였다.

고려군의 취약 지구인 병목을 소탕하러 나선 윤관 도원수와 오연총 부원수가 함께하였다. 59세의 윤관은 영주·웅주·복주·길주의 4성을 요지에 설치하여 그 각 방면의 방비를 튼튼히 하고 있었으나, 이 병목을 비롯한 취약지구 도처에서 간헐적으로 소란을 피우고는 하는 여진 잔당을 소탕하고자 쉴 겨를도 없이 출진하였다. 윤관 원수는 내지의 잔당부터 철저히 소탕하여 쓸어내기로 작정하고, 우선 가장 중요한 병목부터 장악하고자 몸소 정병 8천을 거느리고 오연총과 더불어 출병하는 길이었다.

이윽고 병목에 들어섰다. 오연총이 전후를 둘러보며 말했다.

"여진 잔당의 복병이 있을지 모르겠습니다. 삼림 근처를 살펴 조심해야겠습니다."

바로 이 말이 끝나기도 전이었다. 병목의 길 옆 울창하고도 으슥한 곳, 바위와 덤풀과 나무가 우거져 밖에서는 안이 전혀 안보이는 지대로부터 갑자기 바위 덩어리와 돌멩이, 화살들이 쏟아져 내렸다.

졸지에 복병의 기습을 당한 고려군이었다. 우왕좌왕하기 시작하자, 숲 속에서 요란한 함성이 일며 일단의 여진 병사들이 뛰쳐 나왔다.

"당황하지 말고 침착하게 싸워라!"

"오랑캐는 내 칼을 받아라!"

독려하는 윤관 도원수도 갑옷이 찢기고 어깨에 돌을 맞아 가며 고군 분투하고 있었다. 얼마인가 뒤에 "윽!"하는 소리가 윤관 옆에서 났다.

윤관이 돌아보니 오연총의 어깨에 화살이 깊숙이 박혀 있다. 오연총은 한 손으로 어깨를 쥐고, 이를 악물고 한 손으로 싸우고 있었다.

"오장군!"

하고 부르짖으며 윤관은 얼른 오연총에게 달려들어 화살을 빼내고 자신의 옷깃을 찢어 피를 뿜어대는 상처에 싸매어 주었다.

이러는 사이 아군의 진열은 앞뒤로 잘려 있지 않은가. 때를 놓칠세라 적들은 윤관 원수와 오연총을 겹겹이 둘러 에워싸고 삼킬 듯이 포위망을 좁혀 들어오고 있지 않은가. 고려군은 다만 앞에 있는 몇몇만이 기력을 다해 사투를 하고 있어서 실로 가래로 봇물 막는격이요, 바람 앞 등불의 위기가 아닌가.

이때 뒤켠에서 당황해 하는 군사들을 독려하며 좌충우돌하며 싸우고 있던 탁준경이 이를 보았다. 그가 말을 몰아 위기에 처한 도원수와 부원수 일행을 구하고자 할 때였다. 그 아우 탁준신拓俊臣이 앞을 가로막고 나서는 게 아닌가.

"형님! 적진이 저토록 견고하니 깨뜨릴 수 없습니다. 헛되이 죽게 될 것이니 여기 남아 싸우는 것만 같지 못합니다."

이에 탁준경은 벌컥 화를 내며,

"무슨 말도 안되는 소리냐! 너는 돌아가 늙으신 아버님을 봉양하라. 내 이미 몸을 나라에 바친 지 오래다. 윤관 원수님에 대한 의리로 보아서도 이대로 있을 수 없어!"

하고는 분연히 외치며 날랜 용사 10여 명을 데리고 앞쪽의 적진으로 뛰어 들어갔다.

일당백의 용장 탁준경의 칼날 아래에 일거에 여진군사 5, 6인이 쓰러졌다. 다시 순식간에 5, 6인이 쓰러져 흩어진다. 좌충우돌 겹겹이 둘러싼 적을 베이는 탁준경의 모습은 흡사 신들린 듯하였다. 적의 포위망이 두터워 피아의 구별없이 난전을 벌이며 악진고투를 해야만 했다.

그러나 그때였다. 맞은편 산 골짜기로부터 일진의 군마가 말발굽 소리 요란하게 밀어닥쳤다. 후미지고 깊은 골짜기로부터 구원병을 이끌고 온 최홍정·이관진 부대가 아닌가. 그들은 닥치는 대로 여진 병사들을 쳐부수며 탁준경의 분전을 엄호한다. 윤관 도원수부터 구해내자 전세는 일시에 만회되어 적들이 포위를 풀고 뿔뿔이 산 속으로 도망쳐 버렸다.

윤관 도원수는 겨우 한숨을 돌리며, 최홍정의 군사에겐 도망간 적들을 추격하고 산을 수색하여 남아 있는 잔적을 잡아낼 것을 명하고, 나머지는 부상병을 구하고 전장을 수습할 것을 명령하였다.

적의 머리를 베어 보니 수급이 36이었다.

척지장군 윤관 원수의 군사들은 밤 늦게서야 다시 영주성으로 돌아왔다.

1108년 1월 병항전투에서 승리를 거두고 합문지후에 문양공文襄公 오연총 부원수가 오른 며칠 뒤였다. 여진의 추장인 공형公兄과 아로환阿老喚 등 4백 3명이 영주성 앞에 와서 항복해 왔다.

"우리는 고려에 항복하여, 충성을 다할 것을 서약하옵니다."

쫓겨서 갈 곳 없는 새는 듬직한 품 안에 깃들이게 마련이다. 윤관 원수는 쾌히 항복을 허락하면서 그들을 후히 대접하고 살 곳을 마련해 주었다. 항복하면 해치지 않고 잘 대해 준다는 소문이 퍼지자 갈 곳 없는 여진족은 속속 귀순하는 무리들이 늘어났다. 그 얼마 뒤에는 적의 남녀 1천 4백 60여 명이 좌군에 와서 항복을 빌기도 하였다.

이제 강역 안의 여진정벌은 거의 마무리 단계에 들어가는 듯 보였다. 전쟁의 구름이 걷혀 평화의 함성도 차츰 울려 퍼지고는 했다. 덕장 윤관 도원수의 현덕賢德을 입어 피가 다른 여진족일망정 그 은혜를 못잊어하였다.

영주성 에워싼 여진 격파

하늘은 잔뜩 흐려 있다. 눈발이 희끗희끗 떨어지기도 하였다. 시베리아 찬바람이 만주를 거쳐 불어닥쳤다. 남방이라면 꽃소식이 퍼질 때이지만 여진이 모여 사는 만주 지역에는 찬바람 드센 겨울철이었다.

원래 완안부의 본거지는 당시의 회령會寧으로 지금의 만주 빈강성賓江省 아성현阿城縣 일대에 있었다. 영가가 천신만고 개척하고, 우야소가 넓혀 놓았던 정주 이북의 땅들, 특히 갈라전曷懶甸 곧 함흥평야 일대를 다시금 고려에 빼앗기고 두만강 가까이 쫓겨온 여진군이었다.

기대를 걸었던 함경남도 초황령草黃嶺 병항 곧 병목에서의 기습마저 실패하고만 여진은 다시 완안부의 본거지로 되돌아오지 않을 수 없었다. 춥고 굶주림에 떨어야 하는 여진 패잔병들의 모습은 비참하기 짝이 없었다.

1108년 예종 3년 봄 어느 날이었다.

여진 군사들이 영주성으로 쳐들어왔다. 기병과 보병을 합하여 2만여 명이나 될 듯한 숫자였다.

그들은 영주성 앞에 이르러 공격할 생각은 안하고 소리를 질러 욕을 해대기 시작했다.

"이놈들아! 어서 나와 항복하지 못하겠느냐?"

"비겁한 고려 놈들아! 성 안에 숨어 있지만 말고, 나와서 이 알새幹賽의 칼을 받아 보아라."

"졸장부 윤관과 탁준경은 나와서 한 판 나와 승부를 겨루어 보자!"

그들은 갖은 소리를 다해 가며 싸움을 걸어왔다. 싸움을 돋우는 여진군의 기세는 만만찮아 보였다. 패전한 여진이 어느새 이런 정도로 사기가 회복이 되었는가 싶을 정도였다.

윤관 원수가 성루에서 이를 바라보고 있다가 옆에서 있는 임언에게 말을 건넨다.

"음…, 우리보다 숫적으로 우세한걸! 굳게 지켜 적이 지칠 때를 기다려 원병이 도착하면 일거에 대파해야겠구나."

임언이 대답한다.

"예, 옳은 판단이십니다."

그러자 그때 성루에 다가오고 있던 탁준경이 외쳤다.

"원수님! 전날의 승리를 보지 못하였습니까? 오늘도 역시 죽음을 결단하고 싸울 것이니, 청컨대 원수님은 여기에서 싸움이나 구경하시면 제가 적장의 목을 베어 가지고 돌아오겠습니다."

그리고는 곧 날래고 억센 군사 수십명으로 결사대決死隊를 조직하였다.

탁준경이 곧 성문을 박차고 말을 달려나갔다. 준경은 벽력같은 소리로 "여기 고려의 용장 탁준경이 있다!" 하고 외쳤다. 그러자 적진의 알새 진영에서 한 장수가 외치고 나선다.

"이놈! 무례한 놈! 여기 여진의 호랑이 새곤륜이 네 놈의 목을 베 주마!"

 탁준경이 새곤륜의 오른쪽으로 돌며 창으로 찔러가자 새곤륜은 큰 칼로 이를 막음에 "쨍, 쨍강!" 하며 맞부딪치는 소리 속 불똥이 튀었다. 준경이 이에 다시 말을 돌려 왼쪽으로 돌며 몸을 숙이고는 새곤륜을 찌른다. 번개치듯 하는 그 순간 "윽!" 하고는 새곤륜이 말에서 떨어졌다.

 여진군은 도망치기 바쁘나 그들을 추격하기에는 이편 군사들의 숫자가 너무 적었으므로 더 이상 추격하지 않았다.

 이리하여 적의 복병 계략도 헛수고로 돌아가고, 탁준경은 북을 울리고 피리를 불며, 반기는 진중으로 돌아왔다.

적진 무찔러 연승하며

 한편 대도독부 권지 승선大都督府權知承宣 왕 장군은 군사를 거느리고 공험성公嶮城으로부터 도독부로 돌아오게 되었다.

 그러나 왕 장군도 전장에서 위급한 경지를 당하여, 말까지 빼앗기게 되는 궁지에 빠지게 되었다.

 왕 장군의 부대는 도중에 강에 연해 있는 한 산곡을 지나게 되었다. 갑자기 숨어 있던 여진 장군 사현史現의 무리들이 습격해 왔다. 왕 장군의 부대는 이 기습에 당황하여 흩어져 도망치게 되었다.

 "왕가야! 게 섰거라!"

 외치는 사현의 목소리에 왕 장군은 경황없이 도망쳤으나 사현의 추격에 견디지 못하고, 중간에 자기의 준마에서 내려

달아나는 부하들 틈에 섞여서 도망치며 겨우 목숨이나 보존하게 되었다.

여진군은 기세등등하였고, 왕 장군의 부대는 추풍낙엽이었다. 도망병 중 재빠른 자 있어 영주성으로 달려와 구원을 청하였다. 윤관 원수는 탁준경에게 명해 곧 구원에 나서게 했다.

마침내 출진한 탁준경 스스로가 왕 장군이 빼앗긴 준마까지 되찾아 다시 돌아와 준신의 무리를 데리고 영주성으로 개선했다. 역시 탁준경이었다. 윤관의 기뻐함은 또한 말할 수 없었다.

한편 그 해 2월에 접어들어 웅주에서의 일이었다. 웅주는 지금의 함경북도 길주군吉州郡에 위치해 있는데 예종 때는 영해군寧海郡이라 했다. 최홍정이 이곳을 지키고 있었다. 웅주가 취약 지구라 여기고 있던 우야소는 어느 날 수만 명을 거느리고 쳐들어왔다. 그들은 최홍정이 아무 반응이 없자 일단 진을 치고 며칠간인가 기다리다가 안달이 났는지, 일제히 화살을 쏘아 댔다. 그래도 아무런 반응이 없자 야음을 타고 성벽을 기어 오르기 시작했다.

그들이 반쯤 기어 올랐을 때였다. 성벽 위에서 갑자기 찬물이 쏟아져 내려 왔고 바위·돌·화살이 일제히 쏟아져 내렸다. 이때 안에서 일제히 횃불을 켜자 요란한 함성소리와 함께 성문이 열리면서 고려군이 노도와 같은 기세로 쳐 나왔다.

고려군의 갑작스런 반격에 넋을 잃고 있던 여진군은 결국 벼락 같은 기습에 엉망진창이 되었다. 한바탕 난투극의 소용

돌이가 휘몰아쳤다. 여진이 퇴각하자 고려군도 성으로 돌아왔다.

다음 날 전과를 확인해 보건대 적의 수급이 80이요, 노획한 병장기는 병거가 50여 량이요, 중거中車가 2백 량이었으며, 말은 40필, 나머지 병장기는 헤아릴 수 없을 정도였다.

최홍정은 곧 병사를 시켜 영주성에 있는 윤관 원수에게 승전 소식을 보고하였다.

그후 얼마가 지나지 않아서였다. 웅주에서 최홍정에게 크게 패한 여진은 그 설욕이라도 하려는 듯이 이제 길주로 쳐들어왔다.

길주 또한 여진족의 중요한 본거지의 하나로 궁한촌弓漢村이라 불렀다. 그러한 곳이니만큼 윤관 도원수는 여진이 이곳을 쳐들어오리라 생각하여, 특별히 맹호 탁준경으로 하여금 지키게 하였다.

그러나 길주는 웅주보다도 비축 양식이나 군사수에 있어 적이 좀 더 취약하였다.

여진군은 일단 길주를 포위하고도 섣불리 공격하려 들지 않았다. 앞서 길주에서 너무도 뜨거운 맛을 보았기 때문이었다. 시일을 끌자 오히려 성 안의 고려 수비군이 초조하게 되었다.

어느 날 밤이었다. 군량 부족이라는 위급한 상태에 직면한 탁준경은 용단을 내려 병졸이 입는 옷으로 변장하고, 야음을 이용하여 줄을 타고 성을 빠져 나갔다. 여진 진지는 어둠 속에 고요히 잠들어 있었고, 보초를 서는 병사들만이 왔다 갔다 할 뿐이었다.

탁준경은 진지 사이로 고양이처럼 살살 기어갔다. 보초가 빈틈없이 망을 서고 있어 뚫고 나가기가 용이하지 않을 듯하였다. 잘못하여 보초를 놀라게 하여 소리를 지르게 했다가는 혼자서 그들 수천 수만을 감당할 수가 없는 노릇이었다. 탁준경의 눈이 어둠 속에 빛나며 여진 막사의 헛점을 찾고 있었다.

순간 탁준경이 보초 옆으로 다가가며 보초의 뒤쪽을 향해 돌을 던졌다. 보초가 정신이 번쩍 나 뒤를 돌아보며 "누구냐!" 하자 탁준경은 얼마 뒤 비호같이 몸을 날려 보초의 목을 조른다. 끽 소리도 못한 채 보초는 나무 토막처럼 쓰러졌다. 이에 준경은 보초를 으슥한 길 옆 도랑에 쳐박아 놓고 재빨리 여진의 막사를 빠져 나갔다. 포위망을 뚫는 순간이다. 준경은 밤을 새워 달려갔다.

날랜 말발굽이 드디어 정주에 이른 것은 새벽이었다. 그는 정주성에 도착하자 곧 구원병을 조직하여 부대를 정비하고, 통태진通泰鎭을 지나 포구에서 포구로 길주에 이르렀다. 비호같이 길주에 이른 탁준경은 적군을 만나 대적한다. 연거푸 패퇴만 해온 여진군이 어찌 탁준경의 부대를 이길 수 있으랴. 드디어 적군은 길주에 대한 포위도 풀고 달아나기 바빴다. 성 안 사람들은 탁준경의 용맹에 모두 감격하여 눈물을 흘리는 사람까지 적지 않았다.

탁준경은 항상 싸움에 임하여 죽음을 초월해서 용감히 싸워 적들을 도륙하였다. 윤관 도원수와 오연총 부원수를 도와 언제나 전승 기록을 수립하는 탁준경은 고려 충용의 상징이었다.

잉어떼 출현 도린포 일화

 연중 무휴로 무예를 연마한 고려군의 날랜 기상을 유감없이 발휘하는 윤관 도원수이지만 그에게도 가파른 위기의 순간이 없지 않았다. 한번은 함산咸山에 쳐들어가다가 여진 복병을 만나 포위된 적이 있었다. 선덕진宣德鎭 광포廣浦에서 가까스로 포위망을 뚫고 탈출하여 강가에 이르렀다. 물은 깊고 배는 없어 어찌할 바 몰라 도원수 일행은 강 기슭을 여기저기 방황하고 있었다. 시시각각 여진군이 추격해 오고 있어 큰 문제였다. 중과부적으로 일전을 불사할 처지도 못 되었다. 강을 건너 뛰기만 하면 되나 기적이 일어나지 않는 한 적의 수중에 사로잡힐 실로 긴박한 위기였다.
 윤관 도원수는 잠시 눈을 지그시 감고 묵상했다.
 '천지신명이여, 꿈에도 못 잊을 선조先祖여! 우리를 도와주옵소서.'
 도원수는 이윽고 눈을 떴다. 이것이 무슨 조화인가! 시퍼런 강물을 가르고 거무스레한 다리가 의연히 놓여 있는 것이 아닌가. 고려 군사들 모두가 눈을 씻고 보아도 이는 분명 든든한 다리였다. 쫓기던 고려군은 단숨에 다리를 건너 강 언덕에 도착했다. 고려군이 한숨을 돌리고 돌아다본즉 이게 또 웬일인가. 분명 자기네가 밟고 건너온 다리가 스물스물 움직이더니 거무스레한 다리는 간 데 없고, 수많은 잉어떼가 헤엄치지 않는가. 그리고 이제 강에는 다리를 건너는 것을 보고 추격해 오던 수많은 군사들이 물에 빠져 헤어나지 못하고 죽은 자가 부지기수 아닌가.

잉어떼까지 출현하여 윤관 도원수가 이끈 고려군을 구출한 기적은 태사공 윤신달 장군이 현손을 음덕으로 구원해 화제가 되기도 했고, 부처님의 감화가 아닌가 싶어서 불심佛心이 더욱 도타워져 다시 용기 백배하는 고려 진영이었다. 혹은 "천지신명께서는 반드시 윤관 도원수와 우리 고려를 도우신다."라는 말까지 나돌게 되기에 이르렀다.

이 전설에는 잉어떼만이 나오나 또 다른 전설에 의하면 잉어와 함께 자라떼도 등장하기도 하며, 혹은 대호大虎가 출연하여 도왔다고 전한다. 아무튼 그 뒤로부터 파평 윤씨 문중은 잉어와 자라가 영물로 문숙공을 구원했다 하여 이들을 입에 대지도 않을 뿐더러 잡힌 것을 보면 사서 놓아 주어 살리는 방생放生까지 하기에 이르렀다.

이 전설이 주는 바는 시조 태사공 설화의 신비로운 위력이 윤관 도원수에 미친 본보기임을 말한다.

이로써 그 일대를 도린포都麟浦라 일컬어 오게 되었다. 도린포의 맑은 물은 이러한 전설을 물 속 깊이 담은 채 오늘도 말없이 흐르고 있다. 잉어떼가 나타나 강을 무사히 건넜다는 점에서 '도린포渡麟浦'일 법도 하나, 도원수 일행이 잉어떼의 도움을 입었다는 뜻에서 '도린포'라 불리게 되었는지 모른다.

선덕진 광포에서의 신기한 이야기는 오늘도 전승되어 오고 있다. 문숙공이 숭앙해온 김유신 장군 앞에 여름날 하천이 얼어붙어 군사가 이를 건넌 기적 못지 않게, 한결같은 애국의 단심에는 물고기들까지도 감복하여 기적을 낳는 모양이다.

선춘령 아래 고려 정계비

고려군은 북벌 때마다 여진군을 격파해 나갔다. 외적의 어떠한 대항에도 승기勝機를 확고히 했다.

윤관 도원수는 천리장성 근처에 의주 곧 덕원德源과 함주 곧 함흥咸興 등 2성을 쌓은 것을 비롯하여 영주 곧 북청北靑과 복주 곧 단천端川에 성을 쌓은 데 그치지 않고, 웅주 곧 오늘의 길주와 경성鏡城 남북 등지와 길주에 성곽을 쌓고는 두만강 근처인 경원慶源·공험 등지, 평융에 성을 쌓아 방어진지를 굳게 하였다.

이에 고려 조정에서는 이들 성마다 방어사·부사·판관을 두고 굳게 지키도록 하였다. 7성을 국내에 구축한 윤관 도원수는 다시금 전열을 가다듬어 여진 무리의 진원지인 만주 일대를 넘보았다.

"옛 강역을 수복할 때는 왔소. 대륙으로, 만주 평원의 광야로 진출할 때는 지금이오. 충용스런 우리 고려 군사들은 여진족의 뿌리를 뽑아 대륙 경영에 박차를 가합시다. 우리 고려군 가는 곳이 곧 국경이오. 그러니 수군과 용장들은 이 길로 두만강을 건너 여진족을 끝까지 소탕합시다."

윤관 도원수의 말을 받아 오연총 부원수가 소리높여 외쳐댄다.

"도원수의 뜻을 받들어 일제히 진군합시다. 지금까지의 7성 개척만으로 우리의 사명이 다한 것이 아닙니다. 더 많은 성을 확보해야 할 신성한 과업이 눈앞에 있습니다. 자, 진격을 개시합시다."

1108년 예종 3년 2월 27일, 육순을 바라보는 윤관 대원수는 제2차 북정의 길에 오른 석달 만에 고려의 옛 강토를 수복하였다. 그는 쾌도난마의 여진군 기습작전에 대승을 거두고, 6성을 쌓으면서 병마영할 임언을 급히 불러들였다.

임언이 받아 쓴 〈헌공표獻功表〉는 여진을 쳐서 그 땅을 빼앗아 성을 쌓고 못을 마련하여서 실입정호實入丁戶를 마치며 예종 앞에 승전보로 올린 진중陣中의 글이었다. 도원수의 〈헌공표〉를 받아든 영식 윤언순尹彦純은 바람같이 말을 달려 개경으로 달려가 왕 앞에 대령하였다.

한편 만주 정벌의 장도에 오른 윤관 도원수의 지휘봉이 위엄있게 움직이자 고려군은 요란한 나팔소리와 함께,

"와아!"

"고려 만세!"

"도원수 만세! 부원수 만세!"

하는 함성을 울리며, 두만강을 건너 질풍노도와 같이 북벌의 행군을 재촉한다.

패잔병을 모아 방어에 주력하던 여진군의 무리는 인산인해를 이룬 고려 정예병의 예기에 질려 혼비백산 달아나기에 바쁘다. 평원지대를 쏜살같이 누비는 고려군은 조직적으로 여진 마을을 정복해 나갔다. 척지진국의 명예로운 전쟁에 죽음을 각오한 싸움이었다. 만주 광야는 하루가 다르게 고려의 판도가 되어 갔다.

더욱이나 인도적으로 하는 전쟁이어서 고려군은 여진군만을 소탕할 뿐 여진 마을에는 조금도 민폐가 없었다. 민간인

여진족에게는 날이 갈수록 고려군이 은인처럼 여겨질 정도였다. 수복지구에는 발해 시대의 고구려 유민들도 많아서 동족과 여진족의 차별없이 선정을 베풀었다. 여진 정복은 윤관 도원수에 있어서 무력으로만이 아니라 덕으로써, 마음으로써의 정복이었다. 그래선지 여진 원주민들도 "윤관 도원수 만세!"하며 환호하기까지 했다.

한만韓滿 국경을 넘어선 윤관 도원수 휘하의 고려군은 종성鍾城 북쪽 소하강빈蘇下江濱에 공험성을 쌓고, 일거에 바람같이 혼춘琿春 거양성拒陽城 일대를 격파하였다. 윤관 도원수는 한만 국경에서 7백리 길 선춘령 아래 고려 정계비高麗定界碑를 세우고 성을 쌓아 통태通泰라 이름하였다.

이렇게 국경 밖에 공험·통태 두 성을 외적으로부터 방어를 견고히 하며 내지의 백성들 수십만을 이주시켜 생활 근거지로 정착시킴으로써 척지공신拓地功臣 윤관 원수의 9성은 완료되었다. 의주宜州·함주咸州·영주英州·복주福州·웅주雄州·길주吉州·평융平戎·공험公嶮·통태通泰 등 9성이야말로 정복자 윤관 원수의 위업이요, 한국 역사상 다시 없는 북벌의 쾌거였다.

9성 모두가 국방의 요새였다. 여진의 근거지는 말 그대로 새 영토가 되어 주었다. 만주 대륙까지 진출한 고려 군사는 여진의 촌락 1백 35개를 점령하여 고구려 이래의 숙원을 풀었다. 적을 4천 9백 40명 베고, 1천 30명을 생포하는 빛나는 전공戰功과 함께 영토 확장을 실현하여 9성을 쌓음으로써 윤관 도원수는 전무후무한 '척지원수'가 되었다.

우리 역사상 국경을 넘어 적지에 들어가 적을 소탕한 장수는 고려 이후 오늘에 이르기까지 윤관 원수뿐이었다. 외침을 당하여 늘 방어만 해왔는데 왕으로는 고구려 시대 광개토대왕과 장수왕이 만주 일대에 공략하여 강역을 넓혀 놓은 뒤 윤관 원수에 의해서 비로소 실지失地는 회복되었다.

정계비를 두만강 건너 7백리 선춘령 밑에 세운 윤관은 포람사덕浦籃斯德과 길림성吉林省 연길현延吉縣에도 세웠다. 또한 만주 영고탑寧古塔 부근에 윤관 도원수가 정복한 지명들이 있는 것으로 보아 9성의 강역이 얼마나 방대했던가를 알 수 있다.

윤관 도원수는 빼어난 명장이면서 학문을 좋아하였다. 진중에서도 손에서 책을 놓지 않고 경서經書를 공부하며 작전을 독려했다. 어진 이를 알아보고, 착한 이를 돕는 데 남다른 척지원수의 명망이 일세에 드높았다.

우리 스스로의 힘으로 국경을 넘어 적을 소탕했을 뿐만 아니라 우리 민족의 발상지로 상고사의 터전이었던 만주 땅을 되찾는 위업을 성취한 척지장군 윤관이었다. 옛 영토를 되찾는 성업聖業을 성취하였고 보면, 3국 통일 이상의 업적을 달성한 셈이다. 윤관은 가는 곳마다 지난 날 국가의 치욕을 씻고 충의로써 옛 강역을 회복하여 선정善政을 폈다.

이제 다시 윤관 원수는 아들 언순을 조정에 보내어 예종 앞에 손수 써 내려 간 〈헌공표〉를 올렸다. 여진을 대파하고 막사의 노포露布에 친히 쓴 달필의 글에서 대원수는 왕의 성덕을 치하했다.

윤관 도원수가 오연총 부원수와 함께 예종 앞에 올린 〈파여진 노포 하왕표破女眞露布賀王表〉는 후일에 이제현李齊賢이

《익재집益齋集》에서 높이 평가한 명문장으로 알려지기도 했다. 두 원수의 전공을 올리는 글월에 머물지 않고, 30만 대군의 마음을 명경지수의 필치로 묘파했기 때문이다.

잇달아서 윤관 도원수의 '표전'을 받아 본 고려의 화랑 국선國仙의 후예 예종왕은 내시위 위주부內侍衛注簿인 강영준康英俊을 보내어 윤관 등에 양고기와 술을 내리고, 군인들에게 은으로 된 바라악기와 은병 40개를 하사하며, 북정의 무훈을 더욱 고무하고 격려해 마지않았다.

9성 개척 그 위업

9성이 어디인가?

의주 곧 덕원, 함주 곧 함흥, 영주 곧 북청, 복주 곧 단천 곧 길주 곧 오늘의 경성 남북 등지, 평융 곧 오늘의 덕원 공험에 이르는 7성은 한반도 강역 그것도 동북계東北界 함경도 일대이고, 공험진 곧 종성 북소하 강빈北蘇下江濱과 통태진 곧 혼춘 거양성에 이르는 2성은 두만강 밖으로부터 선춘령 기슭 이래에 이른다.

여진을 마치 회오리 바람같이 몰아내 휩쓴 윤관 대원수는 병마영할兵馬鈴轄 임언으로 하여금 〈영주청 벽기英州廳壁記〉를 써서 붙이게 했다.

역시나 6성 완공 그 무렵이었다.

옛 강역을 되찾은 그 웅략과 장한 뜻은 민족사 최고 최대의 긍지가 아닐 수 없다.

특히나 윤관은 척지를 완전한 고려의 영토로 만들기 위해 2차에 걸쳐 이민정책을 실시하였다. 곧 함주 1만 3천호, 영주·웅주 1만호, 복주·경주·의주 각 7천호, 공험진·통태진·평융진 각 5천호로 합계 6만 9천호에 그 숫자는 좀 더 늘게 되어 자그만치 7만 5천여 호에 달하는 것으로 6진의 4차에 걸친 3천 2백여 호에 비할 바가 아니다. 이 규모에 비하여 그 점령지를 헤아려 보아도 9성의 범위는 세종 때 6진의 그것보다 몇 배가 된다.

특히 9성 가운데 가장 북쪽에 위치했다는 공험진과 통태진을 선춘령 아래까지 확대하여 보지 않을 수 없다.

근래에 와서 또한 〈불출호전도不出戶全圖〉가 발굴되었다. 이 지도는 극비문서 성격을 띠는 것으로 조선 중기 이전 중국에서 제작된 도면이다. 여기에는 윤관 대원수의 정계비가 두만강에서 북쪽으로 7백리 밖인 선춘령 아래로 뚜렷이 명시되어 있다.

윤관 대원수의 척지진국의 대업大業, 그 큰 뜻은 이루 말로 다할 수 없이 장엄하다.

윤관은 한 마디로 민족의 앞날을 투시했던 혜안을 지닌 현인 달사賢人達士며, 민족의 꿈을 실현시킨 드문 영웅 중 영웅이다.

7. 개선

군마 발꿈치에 쇠징을

9성의 개척은 민족 웅지의 실현이 아닐 수 없다. 9성은 고려 예종 때 고려 국경선을 수천 리 확대한 것으로, 이후 조선왕조 세종 때 국경선 확정의 바탕을 이룬다는 점에서뿐만 아니라 드높은 민족정기의 맥박으로 결코 잊혀질 수 없다.

또한 이 9성 개척은, 국난극복의 소중한 교훈을 준다. 우리나라 정신사에 있어서 우리 민족이 평화를 사랑하는 민족이지만, 평화를 어지럽히는 외적에 대하여서는 단호히 격퇴시킬 수 있는 민족이라는 것, 나아가서는 적을 정복할 수 있는 민족이라는 자부심을 심어 준 쾌거快擧가 아닐 수 없기 때문이다.

척지 영걸 윤관은 9성을 쌓으면서 여진에 대한 방어태세를 굳건히 했다. 각 성에는 방어사防禦使를 두고, 군사들을 배치하여 방비에 차질이 없게 하였다.

이에 따라 조정에서 선물을 하사하며, 장병들의 선유를 게을리하지 않을 그 무렵 의주·통태·평융의 세 성역城役이 완전 마무리 됨에 따라 함주·영주·웅주·길주·복주·공험진과 함께 북계北界 9성의 축소가 거뜬하게 마쳐지게 되었다. 윤관 원수는 남계南界의 백성들을 이주시켜 생활의 근거지로 삼게 했다.

이에 앞서 지난 겨울 화곶몽라火串蒙羅 전투에서의 일이었다. 오늘의 마천령摩天嶺 · 마운령摩雲嶺에 해당되는 이곳에서의 여진 토벌작전은 첩첩산중에 험한 길이어서 그 행군이 이만저만 어렵지 않았다. 바위 틈을 뚫고 나가는데 날랜 말들이 픽픽 쓰러지며 맥을 못추는 게 아닌가. 말 발꿈치마다 피가 홍건하다. 쇠 꼬챙이보다도 더 날카로운, 곧 석죽石竹이 무성한 험로를 뚫고 가는데 아무리 준마를 거느린 신기군일지라도 더 이상 나아갈 수가 없다.

나아갈 수도 물러설 수도 없는 궁지에 빠지자 윤관 원수가 군마軍馬를 잠깐 쉬도록 명령을 내린다. 순간 윤관의 머리를 번개같이 스쳐가는 옛날 행병行兵 때의 일이 떠올랐다. 칡으로 말 발꿈치가 견디지 못할 때는 쇠로 이를 대치해야 살 수 있다.

아직 신기군의 말들은 한결같이 칡으로 그 발굽을 감싸고 있었다. 몇 발짝 떼다 보면 뾰족뾰족한 돌길에 찢겨나가 피가 낭자했다. 부상한 말들을 긴급히 살려야 한다. 고려군이 사는 길은 그뿐이었다.

도원수가 군령을 내린다.

"쓰러져 가는 군마에서 칡신을 떼내고, 말 발꿈치마다 쇠징을 박도록 해라."

윤관 도원수가 손수 시범을 해 보이자 의아스러워 하던 군사들이 일제히 준비된 쇠징을 군마의 네 발꿈치에 채우기 시작했다. 발톱에 쇠징을 박아 말굽이 견고해진 것을 일일이

검사한 뒤 곧 행군을 계속해 나갔다. 군마는 생기가 돌아 거뜬거뜬히 그 험한 돌산 길을 헤쳐 나가는 게 아닌가.

쇳조각을 마족馬足에 붙임으로 해서 고려군은 곧 말 그대로의 신기군이 되었다. 아슬아슬한 위기에 직면하여 누구 있어 그런 신기한 착상을 낸단 말인가. 윤관 원수가 그 처음이었다. 화곶몽라의 험산 북로를 가로질러 돌파하는 데 대성한 고려군은 이제 승승장구로 여진군의 산채에 돌격하여 여지없이 무찔러 이길 수 있었다. 칡발굽을 돌연 쇠발굽으로 갈아 채운 이 전법戰法은 후일 김방경金方慶이 그대로 써 보아 과연 특효를 거두기도 했다. 그래서 윤관 도원수의 새로운 고안이나 다름없는 신기군의 용병을 두고 흔히 '마철대갈馬鐵代葛'이라 이름한다.

윤관 도원수에 감복되어 군사들이 합심하는 가운데 1108년 늦봄까지 고려의 새로운 마을이 9성 여기저기에 늘어가고 있는 정경은 대견하기만 했다. 그러나 성을 자그만치 아홉 개나 쌓기까지에는 이를 반대하는 의견 또한 없지 않았다. 그러나 윤관 원수는 여기에 구애받지 않고 내성內城의 재목과 기와를 얻어 오기도 하며 성곽을 굳게 쌓는 데 주력해 갔다.

윤관은 외성부터 축조를 서둘렀다. 밖으로 외적을 막을 성부터 굳게 해놓고 나서 차츰 성 안에 있는 내성도 알뜰하게 손질할 계획이었다. 순차적으로 9성 안팎의 시설을 완비하려던 윤관의 계획은 막료 장수들 간에 때로는 이견도 없지 않아 후일 여진에게 그대로 돌려 주는 구실이 되기도 하였다.

영토 개척 큰 성취

1108년 4월, 신록 우거진 초여름이었다.

웅주에 주둔하고 있는 도원수와 부원수에게 빛나는 전공을 세운 뜻으로 예종 왕의 훈호勳號가 품달되었다. 윤관 도원수에게는 추충좌리 평융 척지 진국공신推忠佐理平戎拓地鎭國功臣 문하시중 판상서 이부사 지군국중사門下侍中判尙書吏部事知軍國重事로 삼는 특지가 전달되었고, 오연총에게도 협모동덕 치원공신協謀同德致遠功臣의 훈호와 상서좌복 참지정사尙書佐僕參知政事의 벼슬이 내렸다. 그리고 이에 대한 소서와 사령장을 내렸다. 또한 내시랑중 한교여를 통하여 자수로 수놓은 말 안장과 말 두 필씩을 두 원수에게 하사하였다.

윤관 도원수와 오연총 부원수는 성은聖恩에 감격해 마지않았다. 문하시중門下侍中이라면 종1품의 최고 관직으로 영상급領相級이었다. 그후 1주일이 지나 여진족들을 평정하고 9성을 마련한 윤관 도원수가 드디어 개선하는 4월 9일이 왔다.

임금이 내린 준마에는 오색 실로 수놓은 말 안장이 얹혀 있었고, 그 위에 오른 윤관 도원수와 오연총 부원수의 모습은 승전무장勝戰武將의 패기와 위엄이 그득하였다. 그들이 장병들을 이끌고 개성을 향해 출발하자 연도에 환영나온 백성들의 환호가 끊일 줄 몰랐다.

여진족의 말발굽 아래 시달리던 변경지방의 백성 중에는, 감격의 눈물을 흘리는 이들도 많았다.

"윤관 대원수 만세!"

"오랑캐 격퇴 만세!"

라고 외치며 연도의 백성들은 열광하였다.

말 위에서 이러한 환호를 받으며 개성으로 향하는 윤관은 감개 무량하였다. 마침내 빛나는 무훈武勳으로 나라에 크게 공헌하게 된 윤관이었다. 이제 여진의 격퇴와 9성 개척으로 평소의 이상은 실현되어 있었고, 1차 북벌 때의 수치스런 화친도 2차 출정을 통하여 이제 설분하였다.

한편 궁중에서는 장졸들의 개선에 대규모 위로연을 베풀 것을 계획하고 있었다. 대왕은 군악대와 의장병을 동교로 보냈고, 또 대방후帶方侯 보補와 제안후齊安侯 서偦를 파견하여 개선군을 맞이하게 하였다. 개선군이 동교에 이르자 과연 대방후 보와 제안후 서가 친히 윤관을 맞이하였다.

대방후는 왕족의 신분으로서도 직접 윤관의 손을 잡고 경하해 마지않았다.

"윤관 대원수! 그대의 공훈을 높이 치하해 마지않으오! 먼 길에 노독이 심할 덴데 어서 들어가시지요."

대방후가 윤관 일행을 동교 안으로 안내한다. 의장대가 정연히 정렬하여 그들을 맞았으며, 군악대는 소리 높여 이들을 환영하였다.

4월 하늘에 퍼지는 신록의 향기가 이에 어우러져 환영의 열기를 한껏 높여 갔다. 곧 이어 열병식閱兵式이 거창하고 성대하게 베풀어졌다.

윤관 원수와 병사들은 한껏 감개에 젖어 있었다. 개선 장군을 맞이하는 대신들 모두가 윤관 원수와 오연총 부원수의 대첩 보고에 감탄해 마지않는다.

이 자리에서 분위기가 무르익자 문하시중 태학사門下侍中太學士로 호가 금강거사金剛居士인 문량文良 이오李傲가 윤관 원수 개선을 기리는 즉흥조의 축시祝詩〈축하 원수 윤시중賀元帥尹侍中〉한 편을 일필휘지하여 큰 소리로 읊조린다. 도원수 윤관 문하시중의 개선을 축하하여 손수 쓴 시를 펼쳐 놓고 이오가 낭송하기를 마치자 좌중에서는 박수도 요란하게 쏟아져 나오며,

"허 참, 기가 막히오이다."

"그 장수의 훈업勳業에 그대로 필적하는 명문이오."

"우리나라에 이처럼 문무文武가 아울러 번창하니 해동성국海東盛國이 지금 아니고 언제인고?"

하는 탄성이 저마다의 입에서 나돈다.

그러자 전승 축하연의 주인공 윤관 원수가

"과찬이오. 성은이 망극할 뿐이옵니다."

하며 정중하게 답례하며 개선 축시를 건네 받았다.

중신들의 얼굴마다에 웃음꽃이 활짝 피고는 한다.

얼마 지나서 고려군 일행의 개선을 축하하는 궁중연회가 있었다. 윤관 도원수는 다시 곧 행장을 수습하고 경령전景靈殿에 들어가 복명復命한 다음 임금께 부월을 돌려 바친다. 2차 북벌의 임무를 완전히 수행했다는 표시였다. 임금의 명령을 욕되지 않게 했다는 믿음의 표시이기도 하였다.

임금은 이윽고 문덕전文德殿에 나와서 모든 재추宰樞들을 모아놓고 윤관 도원수를 인견한다.

윤관 원수를 대하는 예종 임금은 감격을 누를 길 없는 듯한 어조로 말했다.

"문하시중 윤관 도원수! 그대는 우리 고려조 누대累代의 숙원宿願을 풀어 준 이 나라의 은인이오! 이제 그대의 수훈殊勳을 어떻게 치하해야 할 줄을 모르겠소! 그래 그동안 일선에서 척지성업拓地聖業에 얼마나 노고가 많았소?"

"대왕 마마, 다만 황공하여이다. 모든 게 다 성은을 입은 후덕이옵니다."

윤관이 머리를 조아리며 말했다.

"문하시중, 그래 척지해 놓은 변방의 사정은 어떠하오?"

임금은 북정의 사정에 대해 세세히 하문하였다. 윤관은 출정하여 여진을 거침없이 격퇴한 일로부터 9성을 완성한 일에 이르기까지 자세히 아뢴다.

밤이 늦게야 지난해 대임大任을 받들고 겨울철에 출정하여 싱그러운 초여름날에 개선하여 귀소歸巢한 윤관 원수는 오랜만에 전쟁터에서 쌓이고 쌓인 노독勞毒을 풀 수 있었다.

한편 왕은 창릉昌陵에 배알하고, 시를 지어 윤관 원수 휘하의 대군이 여진을 평정한 뜻을 기려 마지않았다. 또한 수행한 선비들에게 이를 보이며 그들로 하여금 화답시和答詩를 짓게 하였다.

그리고 태묘太廟에 왕이 몸소 제사를 지내며 여진을 정벌하고 평정하여 무장들이 개선한 사실을 고해 바치는가 하면, 특사령으로 죄수들을 무수히 석방했다. 환호성 드높은 고려 천지였다.

위급해진 웅주성 재탈환

윤관이 개선하여 개경에 온 뒤 얼마 지나지 않아서였다. 갑작기 변방으로부터 급보가 날아들었다.

여진이 다시 군사를 끌어 모아 웅주성을 포위하여 공격하고 있는데, 워낙 결사적으로 공격해 오므로 방어하기가 쉽지 않을 뿐더러 자칫 잘못하다간 성이 함몰될 위기라는 급보였다.

과연 여진은 지난 번 웅주성 공략 때의 섣부른 공격으로 크게 패해 달아난 쓰디쓴 기억이 있었으므로, 이제 이를 만회하고자 단단히 준비하여 왔다.

고려군은 편대를 나누어 방사상형으로 진지를 이루고, 장기 대비태세를 갖추었는데, 그들의 간헐적인 공격은 좀처럼 쉬이 막아내기가 어려웠다.

이때 웅주성은 최홍정이 지키고 있었다. 곧바로 응전하다가는 승산이 있을 듯싶지가 않았다. 그는 곧 비밀히 파발을 띄워 조정에 구원군을 요청하고, 일단 수비에만 전념하기로 했다.

일단 여진이 물러갔다고는 하나 그들은 곧 다시 전열을 정비해 쳐들어올 것임이 분명했다. 이제 총력으로 성문을 부수고 성벽을 타고 들어오면, 최홍정 군으로서는 더 이상 막아낼 도리가 없었다.

최홍정은 최후의 일전을 각오하였다.

바로 그 시각이었다. 남쪽 산 골짜기 사이로 일진의 군마가 먼지를 뿌옇게 피워 올리며 나타났다.

이를 보는 순간 여진의 지휘관 알새는 "앗! 큰일났구나!" 하고 외쳤다. 그러자 여기저기서 "고려의 원병이다!" 하는 외침이 비명처럼 나돈다. 군마가 가까이로 다가온다. 바로 부원수 오연총의 지원군이 아닌가.

뒤이어 오는 수만의 군사에 아연할 수밖에 없는 알새요, 여진군이었다. 군 내부의 동요가 시작되자 고려군의 원병 때문에 승산의 가망이 없다고 판단한 알새는 즉각 퇴군을 명하지 않을 수 없었다.

"모두 퇴각하라!"

알새의 명령에 따라 여진군은 드디어 물러났다.

누란의 위기에서 구출된 최홍정은 오연총을 붙들고 눈물을 흘렸고, 오연총은 최홍정의 분전을 거듭 치하하였다.

오연총이 적시에 원병을 끌고 나타날 수 있었던 것은 윤관 도원수를 통한 예종의 어명에 의해서였다. 최홍정의 위급하다는 보고를 받은 임금은 윤관 원수와 상의하여 곧 병마 부원수 오연총에게 부월을 내리며 명해서 출병을 시켰다. 오연총은 서둘러서 웅주성을 구출하러 달려온 길이었다.

그러나 일진일퇴가 무시로 반복되는 전황이어서 고려군에게 그리 낙관적인 것만도 아니었다. 처음엔 손쉽게 웅주성을 구했으나, 거듭되는 여진의 야습공세에 다시 성이 저들의 손에 넘어갈 위기에 몰렸다.

그해 5월에 여진이 웅주성을 치기 무릇 27일간에 병마영할 임언과 도순검사 최홍정은 여러 장수들을 거느리고 군사를 나누어 굳게 성을 지키기만 했다. 밤을 낮삼아 한 달 가까이 쉬지 않고 성을 수비하는 가운데 인마가 고달프고 힘이 지쳐 성은 매우 위태롭게 되었다.

이에 동계 병마 부원수 오연총 장군이 적당들을 완파完破할 계책을 짜냈다.

고려군은 사로군이 되어 수천 명씩 분산하며 행군해 나갔다. 오음지烏音志 고개와 사오沙烏 고개에 이르자 여진군이 먼저 고개 위에 진을 치며 길을 막으려 했다. 고려군이 앞을 다투어 산마루로 진격해 올라간다. 닥치는 대로 여진 적당을 겨누어 쏘고 베고 찌른다.

오연총이 직접 지휘하는 물샐틈없는 아군의 조직적인 공세에 어찌 당하랴. 순식간에 적군의 머리 1백 91급이 산판 여기저기에 나뒹군다. 오음지·사오의 두 고개 일대의 기슭이 피로 물들고 비린내가 코를 찌를 듯하다. 아군은 이긴 기세를 타고 신바람나게 적을 밀고 나갔다. 적은 크게 참패하여 마침내 목책마저 불사르고 천방지축 달아나기 바빴다. 아군은 적의 잔당을 2백 91급이나 베는 대승을 거두었다.

이리하여 일단 웅주성은 위기로부터 구출되었다.

그러나 그후에도 여진은 이곳 저곳에서 크고 작은 기습을 해왔다. 완전히 심장부를 섬멸하기 전까지는 반항을 계속할 심산인 모양이었다. 하나 자기네의 생활 본거지를 잃은 처지로서는 당연한 반발인지 몰랐다.

오연총 부원수가 웅주성을 다시 탈환하여 평정했다는 보고가 온 뒤에도 9성 도처에서는 여진군의 크고 작은 기습이 좀처럼 멎을 줄 몰랐다.

이에 조정에서는 여진의 야망적 침공을 부처님의 가호를

빌어 물리치고자 개성에 있는 모든 사찰에 유향과 궁겸을 들이게 하고 고려군의 무훈과 승리를 축원하는 기도를 거국적으로 올리게 했다.

예종이 보제사普濟寺에 행차하여 향을 사르며 오랑캐를 물리칠 것을 기원하는 행사를 베푼 것도 되도록이면 피를 흘리지 않고 9성 일대에 평화가 깃들기를 염원하는 애틋한 마음에서였다. 그러나 기도의 힘만으로 끈질기게 공격해 오는 막강한 여진 군대를 완파할 수 있으랴.

가뭄 끝에 단비가 흡족하게 내려 들판도 생기를 찾은 7월, 예종은 다시금 윤관 문하시중으로 하여금 여진정벌에 나서게 했다. 1108년 7월 7일이었다.

제3차 북벌의 장도에 오른 행영 병마원수 문하시중行營兵馬元帥門下侍中 윤관은 북계로 달려가 앞서 정복하여 개척해놓은 지역을 철통같이 방비하기를 게을리하지 않는 한편 여진의 침입하는 곳마다 즉각 군사를 움직여 이를 격퇴시키고는 했다.

윤관이 부장들을 이끌고 나타나는 곳이면 여진은 반격다운 반격도 못하고, 번번이 물러가곤 했다. 다른 장수들의 전공도 모두 도원수의 전략·전술이 탁월한 데다가 그 병사 배치 능력 또한 비상한 데에서 나온 것으로 믿고 있었다.

여진 진영에서 윤관 원수의 명성은 두려움의 상징이 되었다.

9성에 이주해서 사는 백성들은 출장입상出將入相하는 척지명장拓地名將 윤관 도원수를 평화의 사도로 알게 되었다. 그는 무장이나 실로 자애로운 목민관牧民官이기도 했다.

개국백의 영광 속에

여진족 추장 우야소는 와신상담 속의 나날이었다. 생각할수록 우야소는 난감하다. 점차로 보기 흉하게 일그러지는 표정이다.

북방의 하늘을 가르는 윤관 원수의 호령, 하늘을 덮는 윤관 원수의 기개, 이러한 윤관 원수를 누구 있어 당적하랴. 여진 군사는 이제 그 이름만 들어도 두려워 떨기부터 하였다. 실로 여진족 앞엔 서릿발 같은 기상을 지닌 맹호 윤관 대원수였다.

윤관 대원수의 여진족 격퇴에서 보인 뛰어난 위용은 오늘날까지 함경도 지방에 전해져 오는 전설로도 능히 짐작 할 수 있다. 그 전설인즉 여진족을 정벌한 윤관 원수는 어찌나 무섭고 영험이 많은지 동네에 혹 무서운 질병이 돌 때면 종종 나타나서 이를 퇴치하기도 했다. 윤관은 동네에 누가 학질을 앓고 있음을 알고, 나타나서 그 환자에 호통치며 이르기를 "어서 문을 걸어 닫고 이불을 뒤집어 쓰고 숨소리도 크게 내지 말고 꼼짝하지 말고 있으라."고 경고한다. 그러면 환자는 놀라서 몸을 부들부들 떨며 시키는 대로 따른다. 한여름에 문을 닫아 걸고 이불은 뒤집어 쓰고 꼼짝 못하고 있으면 온몸에는 땀이 비오듯 한다. 그러나 두려워서 나오지도 못하고 한동안을 그리하고 있으면 목이 타는 듯하여 견디지 못하고 가족들을 불러 "윤관 원수가 왔다 갔나요?"하고 묻고는 물을 달라고 한다. 그러면 가족들은 "그래 원수가 방금 오셨다가 네가 없는 것을 보고는 방금 가셨다."고 대답하고는 물을 갖다 준다. 그리하고 나서 환자가 물을 받아 마시면 학질은 먹구름 걷힌 하늘 격으로 씻은 듯이 낫는다고 전해 온다.

이러한 위풍을 지닌 윤관 원수이고 보면 여진족이 두려워 떠는 것도 당연했다. 그래서 우야소는 고심 천만이었다.

그러나 여진군의 갖은 음모에도 아랑곳없이 윤관 대원수는 각 성을 돌아다니며 방어사들을 격려하는 한편, 남방의 고려 백성들을 9성에 이주시키는 활동을 계속하였다. 그리고 항복해 오는 여진의 백성들에 대해서는 관대한 조치를 취해 그들이 살 길을 마련해 주곤 하였다.

그러기에 영주성의 윤관 원수의 막사에서는 한가로운 날이 없었다. 하루는 갑자기 문관이 많은 여진 부락민들을 이끌고 나타나 윤관 원수 앞에 와 서 있었다.

"도원수께 아뢰오. 이 여진족들이 제 종족 부락을 떠나 고려인으로 귀화하여 성민城民으로 살아가게 해 달라고 하옵니다."

그러자 여진 부장이 나서며

"예, 원수님 은덕으로 이 성에서 지내게 해 주시면 고려 국왕께 충성을 다하는 고려인이 되겠사옵니다."
하고 고개를 조아렸다.

윤관은 침묵을 지켰다.

"이자들 외에 성 밖에는 3백여 명의 여진 백성이 몰려와 우리의 성민이 되게 해 달라고 애원하고 있습니다."

그제야 윤관이 말하였다.

"오냐. 그럼 그 사람들을 성 안으로 들여 군량을 내어서 배불리 먹이고 지성으로 보살펴 내 백성처럼 대하라."

윤관 원수의 말이 떨어지자 여진 부락민들은 모두 무릎을 꿇고 앉는다. 그런가 했더니 모두 "원수님!"하고 부르며 감격해 한다. 윤관 원수도 내심 기뻐서 입가에 흡족한 미소를 짓는다.

한편 윤관 문하시중이 병마원수로 북벌의 장도에 오른 이래 북쪽 변경지대의 대여진 전선은 현저히 만회되었다.

행영 병마 신현申縣 판관어사 등이 주사舟師를 거느리고 적선을 쳐 여진군 20급을 베는 수전水戰의 승리가 있은 뒤, 윤관 원수의 3차 북벌은 행영 병마판관 왕자지·탁준경이 함주와 영주에서 여진과 겨뤄 적의 머리 33급을 베었고, 윤관 원수는 적의 머리 31급을 바치는 전공을 올렸다.

그해 9월에 윤관 문하시랑에게 예종은 영평현 개국백鈴平縣開國伯으로 작위를 내리면서 식읍食邑 2천 5백호, 식실봉 3백호에 봉하였다. 영평현은 파주를 말한다.

문숙공이 영평현 개국백에 봉하여지면서 식읍 2천 5백호, 식실봉 3백호나 받게 된 것은 개국백으로서 아주 우대를 받은 경우이고, 나라에서 공신功臣에 지급한 식읍으로도 왕족의 종실에 버금가는 특별 예우였다. 두말 할 것 없이 9성 전역戰役에서 위공偉功을 세운 데 대한 국왕의 특별 포상이었다.

이처럼 문하시중 문숙공을 세거지지世居之地에 개국백으로 봉한 예우는 제2, 3차 북벌 성과에 따른 최고의 훈작이 아닐 수 없었다.

또한 예종은 앞서 8월에 다시 개선한 부원수 오연총을 문덕전에서 인견하며 친히 동북의 변사邊事를 물으며 문숙공과 함께 공신호를 더하여 양구 진국공신攘寇鎭國功臣으로 예우하였다.

그 무렵 조정에서는 사신을 동계東界에 보내어 청정도량淸淨道場을 영흥永興의 진정사鎭靜寺와 비사문사毗沙門寺에 베풀고 외적을 물리칠 호국 염원을 기도하는가 하면, 문덕전에서 법회法會를 열고 축원을 했다.

윤관 원수의 3차 북벌은 2차 북벌 때의 번개 같은 기습전과는 달리 전세가 매우 유동적이 되어 갔다.

1108년 8월 서여진의 추장 노호奴好 등 25명이 내조來朝하여 친선의 뜻을 표한 일에도 아랑곳없이 다음 달에 병마판관 왕자지王字之와 탁준경은 사지령沙至嶺에서 여진을 쳐 27급을 베고, 3명을 사로잡는 전공을 세워 고려군의 사기를 만회할 수 있었다.

예종은 문하시중 윤관 원수의 뜻을 받들어 9도에 점군사點軍使를 나누어 파견해서 장사들을 뽑아들이도록 하는 한편 장령전長齡殿에 나가 활쏘기를 검열하는 등 군비 확충에 여념이 없었다.

4차 북정으로 여진 격파

1109년 예종 4년이 열렸다. 역사상 비통스런 해인데도 조정의 대신들은 안일에 젖어들고 있었다.

최계방崔繼芳이라는 어사대부는 연회 자리에서 술에 취하

여 일어나 춤을 추며 추태를 부렸고, 중광전重光殿에서 왕이 베푼 연회의 취흥이 무르익자 평장사平章事 김경용金景庸 등은 춤을 추며 세상이 곧 내 것이라는 듯 날뛰었다.

이를 보다 못해 승선承宣 임언은 자리를 박차고 나오며 한마디 던지지 않을 수 없었다.

"동북 변방이 아직 편안하지 못한데 차마 춤을 추며 저럴 수 있겠소이까?"

이 가시돋힌 진언에도 왕 이하 중신들의 뉘우치는 기색이 아니었다. 예종대왕은 즉위한 후 9성 전역 무렵까지 혼신의 대업을 펼쳤으나, 차츰 풍류를 즐기다 못해 문신들과 어울릴 때가 잦아짐에 따라 점차 사치풍조에 젖어들었다.

3월이 되자 행영 병마 녹사장 문위文緯 등이 숭녕진崇寧鎭에서 여진과 싸워 38명을 쳐죽였고, 행영 병마판관 허재許載·김의원金義元 등이 길주 관문 밖에서 여진과 접전하여 적 30명을 잡아 소탕하고 철갑과 우마를 노획하였다.

왕은 동계 행영 병마별감 승선 임언과 시랑 왕자지, 원외랑 탁준경을 중광전에서 맞이하여 연회를 베풀고 특히 임언에게는 안마를 선사하였다. 탁준경의 전공을 참작하여 그 할아버지를 초대하여 위로하는 자리였다.

4월이 되자 왕은 동계 병마 부원수 오연총을 불러 경령전에서 친히 쇠도끼를 내리며 출사를 명령하였다. 전방에서는 여전히 전운이 감돌고 있던 때다.

또한 문하시중 윤관 대원수로 하여금 추밀원 부사 유인저柳仁著를 파견하여 창릉에 제사를 지내며 고려군이 싸움에서 이기기를 축원케 하였다. 얼마 뒤에도 왕은 윤관 도원수에게 명하여 묘사廟社와 9릉에서 병첩兵捷을 빌게 하였다.

나라는 여진 적당과 대적하기에 급박한 나날이었고, 백성들의 마음 또한 불안하기 이를 데 없었다. 그때 여진군이 길주를 포위하고 공격을 좁혀왔다. 성으로부터 10리 되는 곳에 작은 성을 쌓고 목책을 여섯 군데나 세워 요새를 만들어 수개월 동안 성벽을 뚫고자 하여 성이 거의 함락될 지경이었다. 병마 부사 이관진 등이 군졸을 독려하여 하루 밤에 다시 중성重城을 쌓고 지키면서 싸웠으나, 장기전에 힘이 지쳐서 사상자가 매우 많았다.

오연총이 군사를 이끌고 가서 그들을 막아 싸우며 성을 구하려 했다. 그러나 적의 기세는 드세기 이를 데 없었다. 여진군이 길을 막고 불의의 기습공세를 가해오자 고려군이 대패하여 죽고 사로잡혀 간 병사가 적지 않았다. 오연총 부원수가 패전하여 벌받기를 청하는 위기에 이르렀다.

이에 조정에서는 긴급회의를 소집하였다. 문덕전에 나온 재추들은 긴급 의제인 변사邊事 수습 대책에 머리를 맞대고 침통한 표정을 가누지 못하였다.

"하루 바삐 여진군을 내몰아야 합니다."

"전하, 문하시중 윤관 도원수를 직접 출전시켜 길주성부터 건지고 나서 원칙을 세워야 하겠습니다."

이에 예종이 "윤관 원수는 내일 곧 서북로로 출정하시오." 하고 윤음을 내린다.

이튿날인 5월 21일 윤관 문하시중은 동북 병마원수東北兵馬元帥로 다시 서북로에 파견되었다. 제4차 북벌이었다.

1909년 여름이었다. 여진군이 다시 영주성 밖에 와서 주둔

한다는 소식이 들려오자 고려군은 즉각 출동하였다. 고려군은 적진에 번개같이 내달아 20명을 잡아 죽이고, 병기와 말 여덟 필을 노획하였다.

영주성을 지키면서 윤관 원수와 오연총 부원수, 그리고 병마영할 임언 장군 합동작전의 마지막 승첩勝捷이었다.

영주성 밖에 여진군이 몰려든 그 무렵이다.

노장 오연총 부원수와 탁준경 사이에는 옥신각신 다같이 자기가 나가겠다고 말다툼이 벌어졌다.

오연총은 성 왼쪽의 아골타 진지를, 탁준경은 성 오른쪽 요불 진지를 각각 맡기로 결정하고 물러나간 뒤 임언이 윤관 원수에게 말하였다.

"저 두 장수들은 도중에서 또 서로 적을 앞질러 무찌르고자 옥신각신할 것 같으니 도원수께 곧 군사를 거느리고 뒤를 받쳐 주셔야 하겠습니다."

윤관은 임언에게 성을 맡긴 뒤 오연총, 탁준경과 함께 군사를 거느리고 두 장수의 뒤를 쫓았다. 한편 여진 진영의 아골타는 자기 영채로 돌아오자 밤 4경에 식사를 끝내고, 5경에 총집합해서 날이 밝는 즉시로 진격을 개시, 왼편 산골짜기를 거쳐 영주성으로 쳐들어간다는 지령을 내렸다.

오 부원수는 탐마探馬를 파견해서 이런 정세를 미리 탐지하고 병사들에게 2경에 식사를 마치고 3경에 출격, 날이 밝을 무렵에는 아골타의 진지 가까이 도착하도록 지령을 내렸다.

이리하여 진격을 개시하는데 탁 장군은 말 위에 앉아서 우선 요불의 진지를 격파하고 나서 그 나머지 힘으로 아골타의 진지도 쳐부수면 여진군은 이 일대에서 영구히 내몰게 되리라는 착상을 했다. 오연총은 즉각에 왼편 산골짜기로 쳐들어가라는 명령을 내렸다. 날이 훤히 밝아올 무렵에 아골타의 군사는 고려군 진지 가까이 쳐들어갔으며, 도중에 매복해 있던 졸병들에 의해서 이런 정보가 탁준경의 진지에 전달되자, 그도 만반 준비를 갖추고 대기하고 있다가 우렁찬 포성과 함께 3군이 말을 달려나가서 여진 장수와 30여 합이나 접전했다.

이렇게 고려 군사가 두 갈래로 갈라서 쳐들어옴에 여진의 군사는 야간 행군에 인마가 함께 피로한 탓으로 감당해 내지 못하고 뿔뿔이 흩어졌다.

여진군이 고려군과 싸울 것을 단념하고 말을 달려 5리쯤 도주했을 때 산비탈에서 천지를 진동할 듯 고함 소리가 요란스럽게 들린다. 탁준경이 군사를 거느리고 골짜기를 가로막으며 호통을 쳤다.

"아골타야! 말에서 내려 항복하라!"

아골타가 말을 채찍질하여 도망치려고 했을 때, 돌연 그 말의 앞 다리가 부러져서 벌컥 앞으로 고꾸라져 버린다.

아골타는 안장 위에서 떨어져 땅바닥에 나동그라졌다. 이 때다. 요불이 경각을 지체치 않고 달려들어 창을 휘두르며 당장에 고려 장수를 베려고 했다. 이 아슬아슬한 찰나에 화살 날아오는 소리가 슛하고 들리는가 했는데 홀연 요불 그도 말 위에서 굴러 떨어져 버린다.

다른 여진 장수들이 두 지휘자를 구하러 나서려고 움직이기 시작하여 탁준경을 에워싸고 있을 때, 한 사람의 고려 대장이 산판에서 말을 달려 내려오며 호통을 쳤다.

"노장 오연총이 예 있다!"

고려군 부원수가 칼을 휘두르며 덤벼들자 여진군은 대적하기 어렵다 생각하고 가까스로 아골타와 요불을 구해 가지고 말머리를 돌려서 뺑소니치려고 했다. 오연총이 그 뒤를 추격함에 여진의 군사는 뿔뿔이 흩어져 버렸다. 고려 군사는 일시 포위되었던 탁준경을 구출하고 여진군 다수를 죽여 버린 후 단숨에 적진으로 총공격을 개시했다.

아골타는 다시 말머리를 돌려서 탁준경과 대적하여 10여 합쯤 싸우고 있을 때, 배후에서 고려의 대군이 습격해 오자 어쩔 수 없이 왼편 진지를 버리고 패잔병들을 거느린 채 오른편 진지로 되돌아갔다. 그런데 진중에 휘날리고 있는 깃발이 전혀 다른 고려 기치가 아닌가.

깜짝 놀라서 말을 멈추고 자세히 바라보니 선두에 서 있는 대장은 금빛 갑옷에 비단 전포를 입은 윤관 대원수였다. 어느새 왼편에는 오연총, 오른편에는 탁준경이 서서 호통을 치고 있지 않은가.

"영채는 이미 우리가 점령했다. 그대는 어디로 갈 작정인가?"

윤관 도원수가 배후에서 군사를 몰고 달려들어서 여진군의 영채를 점령해 버린 참이었다.

전후로 당한 여진군은 산중의 비좁은 길을 찾아서 되돌아가려고 10리도 못 되는 길을 도주했다. 이때 산 속 양편에 숨어 있던 고려 병사들이 달려들어 여진 장수 몇을 생포하고 말았다. 달아나지 못하고 피 흘리며 쓰러진 여진 병사가 부지기수였다.

 마침내 윤관 원수는 면사기免死旗를 세워 놓고 "항복해 오는 자는 절대로 죽이지 말 것이며, 이 명령을 어기는 자는 처형하리라."하는 엄명을 내리고, 여진 투항병들에게 말하기를 "그대들 여진 병사는 모두 부모 처자를 거느린 몸이 아니겠냐? 우리 고려군을 따르겠다면 가담케 할 것이며, 또 집으로 돌아가고 싶다는 자는 여기서 돌려 보낼 것이다."하고 선언하자 환호성이 천지를 진동했다.

 육순에 접어들어 큰 승리를 거둔 윤관 도원수는 이튿날로 싸움에 이겨 얻은 여진군의 포로 3백 46명과 96필, 소 3백여 두를 개경으로 보냈다. 적 여진군을 소탕한 승보가 품달되자 조정에서는 여기에 대한 답례를 예종대왕 친히 양선良善 장군 편에 군사를 거느리고 동계東界 일선에 달려오도록 하였을 뿐만 아니라 심후沈候 좌승선으로 하여금 계속 일선에 파견시켜 은병 4,50을 전달하였다.

 육순에 접어든 윤관 원수의 제4차 북벌은 길주·웅주의 평정과 9성 일대의 여진군 준동을 제압하는 데 있었다. 시급히 길주성으로 출전한 윤원수는 일거에 여진군을 격파하고 아군을 구하였다.

9성 환부 강화책

 6월 12일 오연총 부원수와 군사를 거느리고 행군하는 중이었다. 함주 사록司祿 유원서兪元胥가 달려와 여진의 공형公

되인 요불·사현 등이 태사 우야소의 강화 요청을 알려왔다고 전하였다.

정평으로 되돌아온 윤관은 다음 날 병마녹사 이관중李管仲을 여진 진영에 보냈다. 여진 장군 오사吳舍에게 "강화는 병마사 도원수가 마음대로 할 수 없는 것이니 너희가 공형 등을 우리 조정에 보내서 청하는 것이 마땅하다."고 회답하게 하였다. 이에 오사가 크게 기뻐하여 다시 요불·사현 등을 함주에 보내어 볼모 교환을 제의했다. 이에 윤관 도원수는 공옥孔沃·이관중·이현異賢 등을 볼모로 보냈으며, 요불 등은 개경에 올라와 강화를 청하는 동시에 9성의 땅을 돌려 달라고 조정에 간청하게 되었다.

여진족이 이와 같이 강화를 청하고 9성 환부를 애원한 이유는 첫째 여진족은 윤관 대원수의 정벌로 큰 타격을 입어 일조에 생활의 근거지를 송두리째 잃은데다가, 그후 결사적으로 항거하여 보았지만 번번이 피해만 늘 뿐 그들이 고려와 오랫동안 대항하기에 아직도 국가의 정비가 견고하지 못했던 것이며, 둘째 그들이 앞으로의 국가 형성을 위하여 병력을 낭비하는 것은 쓸데없는 일이라는 것을 깨달았기 때문이었다.

그리하여 마침내 태도를 바꾸어 고려에 조공함으로써 평화적으로 자기네들의 잃었던 땅을 찾으려고 9성의 환부를 애원하며 강화를 청해 온 터였다.

한편 제4차 출정으로 악전 고투하며 대승한 전과가 날아드는 가운데 왕은 군신들을 선정전宣政殿에 모으고 9성문제를 논의하게 했다. 토론을 거쳐 예종이 결정하는 중요한 회의였다.

중신들 거의 모두가 애당초에는 "여진의 궁한리弓漢里 밖은 산이 잇달아 벽처럼 섰고, 오직 작은 길 하나가 겨우 통하니, 만약 관성關城을 설치하여 작은 길을 막는다면 여진에 대한 근심이 영구히 끊어질 것이오."라며 입을 모으지 않았던가.

그러나 막상 빼앗아 놓고 본즉 수륙의 통로가 가는 곳마다 통하지 않음이 없는 병항의 경우 아주 딴판이었다. 소굴을 잃게 된 여진으로서는 생명선이 끊긴 셈이어서 물불을 가리지 않았다.

"하기야 9성이 튼튼하게 축조되어 쉽게 함락당하지는 않으나 싸우고 지킴에 우리 군사의 상실이 너무 많단 말씀이오."

"더구나 개척해 놓은 땅이 너무 넓어서 문제요. 문하시중 윤관의 무훈은 천추에 빛나겠지만, 9성이 너무 거리가 요원하고 골짜기와 동네가 깊고 멀어, 적은 복병 매복으로 왕래하는 백성들을 괴롭히기 일쑤라…."

"1년 가까이 전쟁을 끌고 나가며 나라에서 여러 방면으로 군사를 징발하니 백성의 원성은 심상치 않소이다. 여진도 전쟁에 싫증이 나 있고……."

고려의 대신으로 여진 쪽의 입장까지 대변하다니 괴이한 논법이었다. 이에 윤관 원수의 뜻을 아는 어떤 대신이 나서며 아뢴다.

"아닙니다. 끝까지 우리는 9성을 지키며 철통같이 방비해야 합니다. 우리가 지금 안일에 젖어서 9성을 여진에게 환부한다고 하면, 후대에 영원한 웃음거리가 될 것입니다. 그러니 9성의 포기는 절대로 불가한 줄 소신은 아뢰오."

여러 신하들의 의견이 서로 엇갈려 예종은 망설이고 있는데 이때 간의대부 김연金緣이 정색을 한다.

"토지를 취함은 본래 백성을 기르려는 것인데 지금처럼 성을 다투며 사람을 죽이게 될 바에는 그 땅을 돌려주어 백성을 쉬게 함만 같지 못합니다. 당장 여진에게 9성을 돌려주지 않는다면 장차 반드시 거란과 틈이 생길 것입니다."

"왜 그렇소?"

왕의 물음에 그는 머리를 조아리며 계속 아뢴다.

"나라에서 처음 9성을 쌓고 거란에게 고하기를 '여진의 궁한리는 곧 우리의 옛 영토이며, 그 거주민도 우리의 백성인데 근래 변방을 침범하여 그치지 않으므로 수복하여 성을 쌓는다' 하고 표문도 올렸사온데 궁한리의 추장은 거란의 관직을 받은 자가 많으므로 거란은 우리를 거짓말한다 하여 반드시 문책해 올 것이옵니다."

이 말투는 적국인 거란을 대변하는 격이었다. 중신들 누구하나 이의를 제기하려들지 않는다. 참으로 놀라운 일이었다.

심지어는 9성이 나라의 이익이 아니라는 결론에 왕도 마지 못해 고개를 끄덕이며,

"하기는 그렇소. 짐도 이젠 그리 생각하게 됐소."

하며 9성 환부의 방향으로 기울기에 이르렀다.

윤관 도원수로서는 실로 아찔한 소식이었다. 척지명장으로 개선했던 그는 조정 안에서의 수구파들이 일을 되도록 무사 안일한 방향으로 왕을 설복하기에 혈안이 되어 갈 것을 내다보고 있었다. 고조선의 성지聖地이자 고구려의 옛 땅이었던 9성을 여진에 돌려준다 함은 물론 있을 수 없는 일이

었다.

그러나 안정기에 접어든 고려로 말하면 관료들은 이미 사치스런 생활에 젖어 있었고, 높은 관직에 오른 고관 대작일수록 향락에 젖어들고 있었다. 그들에게 있어서 9성 같은 것은 안중에도 없었다. 비좁은 영토에서 그저 오늘을 즐기면 되었다. 오랑캐들이 떼지어 살던 척박한 평원은 하나의 불모지, 쓸데없는 광야로 여길 뿐이었다.

"쳇, 욕심도 많지. 국경을 너무 넓혀서 여진 오랑캐를 먹여 살려 뭘 한담!"

"글쎄 말이외다. 지키기도 어려운 광막한 땅, 만주 벌판 때문에 국고의 낭비가 심하다니 말이 되는가?"

"그뿐인가. 오랜 싸움에 지친 병정들을 이끌고 밤낮없이 장기전에 임하다니 어디 될 법이나 한가?"

이른바 대신들이 모여 술잔이나 나누게 되면 이런 식의 어리석은 말투가 거침없이 쏟아져 나왔다. 상당수의 대신들과 고관들이 거의 모두가 소국에 만족하는 노예나 다를 바 없었다. 당초에는 윤관 원수의 웅략을 칭송하며 예종왕의 주전론主戰論에 기울어 있던 상당수가 이제는 날이 갈수록 안일벽에 젖어 전쟁 혐오감을 품기 시작했다.

그래서 고려 조정에서는 여진족에게 유리한 방향으로 여론이 돌아가게 되었다.

이와 같은 여론이 개경에서 안일한 세월을 보내고 있는 문신들 가운데서 돌고 있는 차에 그 중에서도 특히 권력 아부배의 소인들이 윤관·오연총 등 출정파出征派를 시기하여 그들을 배척하는 운동이 이 여론의 중심을 이루어 갔다.

윤관이 개척한 수천 리의 넓은 땅을 여진에게 돌려주면 자동적으로 윤관 등의 공은 없어지게 되고, 나아가 자기들의 지위를 무사히 보존할 수 있다 여겨서 9성을 환부하여야 한다고 역설하였다. 이를 지지하는 무리는 윤관의 동렬 혹은 선배 중에 있었으며, 그와 사돈간인 임의와 같은 사람도 그 중에 한몫 끼어 있었다. 윤관 원수의 둘째딸이 임의의 아들 임원준과 결혼하여 가정을 이루고 있어 사돈 관계일 뿐만 아니라 지난 날 사신으로 요나라에 함께 다녀온 막역한 관계인데도 문약文弱이란 할 수 없는 모양이었다.

이러한 때를 틈타 여진족은 현지에서 맹렬한 공격을 가하고, 또 한편으로는 고려 조정에 사자를 보내어 9성의 환부를 애원해 왔다.

9성 돌려주며 전쟁 마무리

그해 6월 27일이었다. 서울까지 와서 선정전에서 왕을 배알한 여진의 사자 요불·사현 등 일행은 애원하였다.

"9성의 환부를 허락하시어 우리들로 하여금 생업에 편안하도록 하여 주시면 우리들은 하늘에 맹세하고 자손대대로 정성껏 조공할 것이오며, 또한 기왓장 하나라도 감히 고려 지경에 던지지 아니할 것입니다."

그 무렵 예종대왕이 중신들에게 명령을 전달한다.

"근래 동북 변방이 지극히 불안하다. 군마가 피로할 뿐만 아니라 지세가 어찌됐는지 막혀 있는 듯 싶다. 음양의 비술을 발휘하게끔 사천 태사관司天太史官들로 하여금 각기 봉사封事를 올리도록 하라."

임금의 측근에 누구들이 있는가 빤히 들여다보이는 윤음이다. 거기에 누구 한 사람 대꾸가 없자 예종대왕이 어명을 계속 내린다.

"근일 변방의 걱정이 날로 늘어간다. 군민이 모두 괴로워하며 지쳐 있을 뿐더러 천재지변과 전염병까지 나돌아 어찌할 수 없도다. 군신 다 함께 지성껏 하늘에 서고誓告를 바치도록 조종의 훈계를 행하려 하니, 유사로 하여금 의논하여 아뢰게 할 일이다."

이어서 가까이 받들고 있는 신하들에게 진봉산進奉山과 구룡산九龍山에 국태민안國泰民安을 축원하게 했다. 며칠 뒤다. 최홍사와 김경용이 임의 참지정사와 이위李偉 추밀원사와 함께 선정전에 들어온다.

이들은 입을 모아 왕에 극언해 마지않는다.

"전하, 윤관과 오연총, 그리고 임언이 여진과 싸워 이긴다는 소식이 요즘에는 없습니다. 이제 마땅히 그 패전을 물어 퇴각하도록 조처하소서."

6월도 하순에 이관중과 이현을 통해 윤관 원수 진지로부터 볼모로 맡겨 받은 여진 장수 6명이 고려 개경에 와서 선정전 남쪽 문에 머물며 9성 환부를 정식 요청해 왔다.

이에 왕은 여진의 사자들을 대접하여 기다리게 하는 한편, 6월 23일 조정의 3품 이상의 문무관을 모두 모이게 하여서 9성 환부의 가부를 다시 묻게 되었다. 이때 몇 명의 신진 선비들만이 분개하여 반대할 뿐, 대부분은 권력 아부배의 주장에

뇌동雷同하여 이에 찬성하는 기색이었다.

재추宰樞와 대성臺省·제사諸司·지제고知制誥·시신侍臣·도병마제관都兵馬制官 3품 이상이 선정전에 모인 자리에서 28인은 전적으로 9성 환부를 내세울 때 오직 예부禮部 박승중朴昇中과 호부戶部 한상만이 반대의 뜻을 밝혀 결국 28대 2로 대세는 판가름났다.

별 실권이 없는 왕은 대세에 따라 의결하지 않을 수 없게 되었다. 당시에는 왕권이 약하고 신하들의 권한이 막강하였다.

예종 대왕이 심각한 표정을 지으며 대신들에게 묻는다.

"그렇다면 경들은 그동안 척지한 과업을 전혀 무無로 돌리겠단 말이오?"

"전하, 아니옵니다. 여진으로 하여금 고려를 상국上國으로 받들게 하면 되옵니다."

"그렇다 하더라도 9성을 다 내놓을 수는 없는 일이 아니오?"

"모두 다 환부하더라도 저들과 조약만 잘하면 그리 문제될 것이 없사옵니다."

문관들의 이런 논리의 취세에 왕인들 어쩔 수가 없었다. 7월 2일 9성을 돌려주기로 결정하고, 이를 윤관 원수에게 전달하도록 사자들에게 통고하는 한편 이튿날 여진에서 온 사절들을 불러 9성 환부로 전쟁이 끝나게 됨을 통보했다.

이에 여진 사절들은 감격하여 눈물을 흘리며 절하고 사례하였다. 왕은 선물을 주어 이들을 돌려 보냈다.

예종의 마음은 찢어질 것만 같았다. 선왕先王의 성지聖旨

대로 북벌을 단행하여 정벌해 놓은 이 마당에 많은 대신들이 9성 환부만이 나라의 살 길인 것처럼 역설하고 나오니 어쩔 도리가 없었다. 강화파講和派가 절대 우세한 판국에 계속 전쟁을 수행해 나갈 수는 없는 일이었다.

한편 북지에 자리한 윤관 원수의 막사 안에 모인 여러 막료 장수들은 도원수로부터 조정의 방침으로 여진과 화친을 맺게 되었다는 비보를 전해 듣고 깜짝 놀라,

"아니, 그게 무슨 소리요?"

하고 크게 당황하는 기색이 역력하였다.

"이런 국론國論의 결정이 어디 있습니까? 대원수님, 피흘려 찾은 우리 강토 북방 9성을 오랑캐에게 돌리고 철군하라는 어명은 우리 군부를 무시한 처사가 아니옵니까?"

분개해 하는 탁준경의 말이었다.

"글쎄 그럴 수가…, 그럴 수가 있단 말이오?"

"벌써 여진 장수들은 군사를 몰고 와 성을 내어놓고 철군하기를 요망하고 있으니, 이를 어찌 하옵니까?"

김한중의 말이었다. 윤관은 침통하게 울부짖는다.

"어명으로 정해진 바라면 신하된 몸으로 그 법에 따르는 도리밖엔 없다만…, 이는 천추에 남을 한이 되리다. … 9성을 얻은 여진은 그 세력이 강화해지는 대로 우리 고려국 내지까지 침노할 것이 명확하거늘 … 어찌 그를 알지 못하실까? 너무나 격분하고 한이 맺혀 갈피를 잡을 수가 없구나."

"원수님…."

여러 장수들은 윤관 원수를 부르며 위로하였다. 이리하여 윤관 도원수는 정부의 명령에 좇아서 예종 4년인 1109년 7

월 8일에 행영 병마별감行營兵馬別監인 최홍정과 병마사 문관 등을 보내어 여진 추장 거외이에게 "너희들이 만약에 9성의 환부를 원한다면 마땅히 전번 약속과 같이 하늘에 맹세하라."고 하였다. 여진 추장들은 이 명에 좇아 함주성 문 밖에 다 단을 만들고 하늘에 맹세하였다.

"지금부터 자손 대대에 이르기까지 나쁜 마음을 품지 아니할 것이며, 해마다 조공을 바칠 것인 바 만일 이 맹세를 저버린다면 번토가 멸망할 것입니다."

맹세를 마치고 돌아가자, 행영 병마별감 승선 최홍정과 병마사 이부상서 문관 등은 비로소 길주로부터 차례로 9성의 전구戰具와 군수품과 양곡을 내지로 거두어들였는데, 오랑캐들은 기뻐하며 그 소와 말을 내어 우리 백성들이 남겨 놓은 물건과 늙은이와 어린 아이들을 실어 돌려 보내고 한 사람도 죽이거나 상하는 일이 없었다. 이렇게 해서 새로 설치되었던 여러 성을 다 헐어 버렸다.

이리하여 고려는 수년 동안 수많은 인명과 막대한 재정을 소비하고 점유한 9성의 땅을 허무하게 내주고 말았다. 어명을 따를 수밖에 없는 윤관은 통한을 가눌 길 없었다.

조정의 신하들은 모두 안일한 타성에 젖어 있을 뿐, 충정으로 나라의 앞일을 걱정하는 사람이 날로 줄어들고 있었다. 장차 고려는 어찌되려는가.

선각자는 언제나 외로운 법인가. 대세를 뚫어보는 눈을 가진 척지훈신 윤관은 뼈저리도록 고독하였다. 안타까움에 마음 졸이던 윤관 원수는 총사령관으로서 냉정을 찾고 뒷날을 도모하리라는 생각만 굳힐 뿐이었다.

국치 설욕도 덧없이

이와 같이 온 정력을 기울여 이룩한 9성을 허무하게 돌려 주고 실의 속에 환도하는 윤관 원수에게는 9성 환부를 주장한 정상배들의 모함이 또 다시 기다리고 있었다. 곧 윤관 원수 등의 공적을 시기하는 조신들은 9성 환부에만 그치지 않고, 이 기회에 윤관 등 출정파出征派의 세력을 꺾기로 계획하여, 평장사 최홍사·김경용과 참지정사 임의 및 추밀원사 이위李瑋 등이 주동이 되어 윤관·오연총 등이 압승하기보다 패전한 책임을 물어야 한다고 맹렬히 논란하였다. 이들과 한통속인 간관 김연과 이재李載 등은 왕에게 상소하여 윤관·오연총의 처형을 고집하였다.

그러나 윤관 대원수의 공훈을 잘 아는 왕은

"두 원수는 어명을 받고 행병行兵하였으며, 또한 옛날부터 전쟁에는 이기는 수도 있고 지는 수도 있는 것으로 두 원수의 출정은 크게 이기고 작게 패했을 뿐이니 어찌 죄가 되겠는가?"

라며 벌주는 것만은 허락하지 않고 단지 승선 심후를 보내어 중로에서 윤관의 부월을 회수하게 하였다.

그해 7월 9일 9성을 고스란히 여진에게 돌려 주고 난 신기군이 8월에 동계로부터 회군하였다. 윤관 원수의 부월마저 거두어들인 뒤여서 신기군은 이제 초라하기 이를 데 없었다. 흡사 장례 행렬을 따라온 오합지졸의 신세가 아니고 무엇이었으랴.

예종대왕이 중광전 서루에 거동하여 회군한 고려군들을 맞이했다.
"이번 전쟁의 강화는 그대들의 허물이 아니오. 짐이 어찌 우리 신기군의 노고를 잊으랴."
왕의 목소리는 떨려 나왔다.
그 얼마 뒤 재상 최홍사 등도 다시 대간 김연의 무리와 함께 윤관 원수의 중벌을 끈질기게 간청해 마지않았다.
그래도 여전히 예종은 공신들을 죄로 다스리려들지 않았다.
그러는 가운데 1110년 예종 5년이 되었다. 간소한 환갑 잔치를 넘기며 시름에 잠겨 있는 윤관 원수를 두고 문신들은 더 이상 참을 수 없다는 듯 본격적인 시위에 들어가 왕권에 도전하였다.
그해 5월이었다. 왕의 미온적인 태도에 만족할 수 없는 최홍사와 김경용 등이 다시 왕에게 상소하여 윤관 대원수와 오연총 부원수의 패전한 죄를 거론하였다. 9성을 환부하고 돌아온 지 10개월 동안 그들은 줄기차게 왕년의 도원수와 부원수를 거세하고 없애고자 광분하였다.
"윤관·오연총 등 패군한 죄를 다스려야 합니다."
백성들은 오히려 왕을 동정하였다.
"윤관 도원수가 수십만 대군을 이끌고 전장에 나가 피흘리며 싸울 때 정작 그들은 무엇을 했다고!"
입을 모아 윤관과 오연총을 두둔해 마지않았다.
5월인데도 우박이 쏟아지던 날 예종대왕은 눈물을 머금고 조정 대신들의 뜻에 동조하기로 결단을 내려야 했고, 11월

15일에 중신들 앞에 무력한 존재임을 깨달으며, 부득이 왕은 윤관·오연총 등 척지공신의 관직을 삭탈하고, 공신의 칭호를 삭제하는 미온적인 처벌을 했다.

그래도 윤관 등의 공적을 잊지 못해 왕은 20여 일 지난 그 해 12월 7일에 윤관을 수태보 문하시중 판병부사 상주국 감수국사守太保門下侍中判兵部事上柱國監修國史에 복직시키고, 그와 함께 모함받은 오연총도 중서시랑 평장사 판삼사사中書侍郞平章事判三司事에 복직시켰다. 윤관과 오연총은 표를 올려 거듭 벼슬을 사양하였으나, 왕은 이를 허락하지 아니하였다.

예종은 윤관 원수의 처지를 이해해 주고 끝까지 그들의 공적을 알아 주었으며, 그를 엄단하여 죽이자는 반대파의 불같은 성화에도 불구하고 끝까지 윤관 등을 옹호하였다.

이와 같이 왕이 충신을 알아 주는 특지가 없었더라면 윤관은 그 혁혁한 공훈을 세우고도 정쟁政爭의 제물이 되고 말 뻔하였다.

윤관 원수는 정복자의 가슴 속에 불타 오르는 노여움을 억제하기 어려웠다. 영토를 확장하여 국경을 만주 일대로 굳혀 놓으려던 계획이 그만 아침 이슬이 된 데다가 정복자에 대한 대접은커녕 처벌을 들고 나오는 조정 대신들의 처사에 참을 수가 없었다. 조정이 돌아가는 꼴에 원통스런 눈물을 떨구다가도, 위대한 업적을 반겨 주는 외로운 예종의 성은에 생각이 미치면 감격의 눈물 또한 감추지 못하였다. 영웅다운 웅대한 업적은 무상하게 되었다. 더 이상 날개를 펴 보기 어렵게 되었다. 국운이라 해도 어쩔 수 없고, 하늘의 뜻이라 해도 도리 없는 일이 아닌가.

 여러 날을 윤관은 많은 생각을 하며 지냈다. 간악한 무리들에 의해 한심스럽게 되어 가는 나라의 장래, 자기를 모함하는 무리들에 대한 분노, 그런 중에도 자기를 알아주는 예종 임금, 무엇보다 필생의 공든 탑인 9성의 환부로 말 그대로 성이 무너져 내리는 만감이 교차되는 나날이었다.

한 맺힌 임종

 윤관 원수는 임금이 내리는 벼슬을 거듭 사양하고, 고향인 파주에 파묻혀 한 맺힌 나날을 보내고 있었다. 귀거래歸去來하여 고향의 품에 안긴 채 나날을 보내고 있는 척지공신 윤관의 모습은 늘어가는 백발과 함께 초췌하기만 하였다. 나라의 탓이요, 조정의 농간 때문이었다. 시름에 잠겨 은거 중인 어느 날 윤관은 집을 나서서 파평산에 올랐다.

 멀리 산 아래를 굽어본다. 파주는 예나 다름이 없었다.

 윤관 원수는 한동안 산을 헤매다가 쓸쓸히 귀소歸巢하였다. 그리고 별당에 들어선다. 그는 홀로 앉아 시선을 돌리고는 북벌대첩의 환도를 크게 한탄하였다. 윤관은 아껴오던 자신의 칼을 들어 주시한다. 이제 녹이 슬 것만 같다. 한숨 속에 다시 칼집에 넣고는 한쪽 구석에 있는 함에 넣어 둔다. 하릴없이 윤관 노장은 허공을 응시하였다.

 그때 갑자기 심한 기침이 나왔다. 그것은 그냥 감기 정도의 기침이 아니었다. 좌절과 실의로 인해 이미 노장의 몸은

병이 들어 있었다.
 어느덧 겨울이 닥쳤다.
 쓸쓸한 집 마당에는 하얀 눈이 탐스럽게 내리고 있었다. 오늘도 별당에 있는 윤관 도원수는 간헐적으로 기침을 하며 가래를 뱉고 있었다.
 그때였다. 별당 문 밖에 탁준경의 발길이 멎었다. 곧 이어서 아들 언순과 별실 웅단이도 와 있었다. 그들이 와 있음을 안 노장 윤관이 방문을 젖혀 여니, 드러난 수척한 모습에 세 사람의 가슴은 찡하니 안타까움이 몰려 든다.
 "아버님…."
 아랫입술을 지그시 깨문 언순의 말이다.
 "장군님, 몸도 불편하신데 찾아와…."
 탁준경도 채 말을 맺지 못하고 큰절을 올리며 장군의 초췌한 얼굴을 바라볼 뿐이다.
 이윽고 윤관 장군은 그들을 불러 가까이 와 앉게 한다. 그리고는 한동안 말이 없던 노장의 얼굴엔 서서히 비장한 기운이 떠오른다. 노장 윤관은 손을 들어 한 구석을 가리키며 언순에게 함을 가져오도록 한다. 방 안에는 무거운 침묵이 감도는 사이 노장 윤관의 손만이 가늘게 떨며 함을 열어 보검을 꺼낸다.
 "이 칼은 … 내가 평생을 내 몸이나 다름없이 아낀 것이네. 그러나 이제 나에겐 이것이 필요없게 된 것 같군. 그래서 준경이 자네에게 주려는 걸세."
 "장군님!"
 탁준경은 무릎을 꿇고 두 손으로 보검을 받는다.

"여생을 헛되이 보내지 말게. 때를 얻어 내가 미루지 못한 실지 회복의 소망을 이 보검으로 자네가 꼭 이루어 주게. 자네야말로 이 칼에 맺힌 한을 풀어 주리라 믿네. 부디 의롭게 써 주게나."

노장 윤관은 온 심정을 쏟아 말을 하고는, 이제는 다 이루었다는 듯 평온한 얼굴로 돌아온다.

윤관 장군이 탁준경에게 물려준 이 칼은 어떠한 것인가. 문숙공 윤관 대원수는 이 보검을 항상 몸에 지니고 있었다. 척지대업의 필생의 뜻이 담겨 있는 보검이었다. 그러니만큼 이것은 문숙공의 분신이기도 한 귀중한 칼이었다.

그러한 보검이니 어찌 영력靈力이 없으랴. 이 보검의 영력의 신통함에 대해서는 오늘날까지 전하여 내려 오는 이야기가 있다.

학질이 창궐할 때에 아무리 심한 학질에 걸렸어도 이 보검을 옆에 두면 씻은 듯이 낫는다고 전해진다.

윤관 원수의 보검에 대한 이 같은 전설의 사실 유무보다도 보검에 담긴 장군의 뜻이 거룩한 만큼 후대인 중에 이 보검을 탐하는 자가 많았다. 그리하여 후대에 와서 파평 윤씨 종가에 소중한 가보로 전해 내려오던 바, 1백년 전 순천에 거주하는 생원이 매번 찾아와 내실에 잠입하여 궤 속에서 절취해 갔다고 하고, 어떤 사람이 충청도 일가와 종가에 1년 동안 공머슴을 살아 주고 사라졌는데 그가 가져갔다고도 한다. 이제 그 귀중한 보검도 대할 수 없다. 이 어찌 안타까운 일이 아니랴.

이같이 깊은 뜻이 어린 보검을 탁준경에게 맡긴 노장 윤관은 일생에 맡겨 둔 모든 일이 다 끝났음을 느꼈다. 그리고 그때까지 혼신의 힘으로 지탱하고 있던 육신은 탑이 무너지듯 허물어진다.

봄도 지난 어느 여름날, 그는

"집안 식구 다 어디 있느냐?"

하고 마지막 있는 힘을 다하여 목소리를 낸다. 시급히 안채에 사람이 달려간다.

국대부인 인천 이씨仁川李氏를 앞세워 7남 2녀 직계 자녀와 서랑들까지 윤관 원수의 임종을 지켜 보게 되었다.

장남 언인, 차남 언순, 홍황사興王寺 주지가 된 출가 승려 3남 언암, 역시 출가 승려가 된 4남 스님, 5남 언식, 6남 언이, 7남 언민이 차례로 도열해 있고, 장녀가 남편 황원도黃元道와 대동해 있었으며, 차녀가 사위 임원준과 함께 아버님을 지켜본다.

윤관 원수가 좌중의 식솔들을 돌아 보면서 가느다란 목소리로 그러나 힘을 다하여 유언한다.

"다들 모였구나. 국대부인 당신은 자녀들의 뒷바라지를 끝까지 하되 내 생애에 못다한 대업을 성취하도록 손주들에게도 격려하기를 잊지 마오. … 그리고 너희들은 대왕 전하를 보필하여 이 나라의 천년 대계를 세우도록 해라. … 출가한 너희들은 대자 대비하신 석가세존의 정신으로 호국 일념을 끝까지 받들 일이다. 너희 자매는 각기 남편 황서방과 임서방을 위하여 가문을 빛내라. 끝으로 언인아, 언순아, 언식아, 언이야, 언민아! 애비의 못다 떨친 한을 알겠지. 나라를 위해서 끝까지 분투해 다오."

"네, 아버님!"

여러 아들들의 답변과 함께 흐느낌 소리가 새어 나온다.

"왜들 이러느냐? 앞날에 해야 할 일을 위해서 슬퍼하지 마라."

자못 침통스런 분위기다. 윤관 원수가 말을 잇는다.

"탁준경! 전날의 내 말을 잊지 않기 바라네."

"네, 명심하오이다."

"그리고 웅단이는 내 비록 척지대업을 완수하진 못했으나 ……."

이때 갑자기 말이 끊긴다. 파란 만장의 척지 공신, 수태보 문하 시중 문숙공의 숨이 멎었다.

1111년 예종 6년 5월 8일이었다. 윤관 원수는 62세로 생애의 막을 내렸다.

상주들 중에서도 언이의 눈동자는 새로운 결의를 한 탓인지 유난히 돋보였고, 웅단이는 출상하기까지 거의 뜬 눈으로 밤을 지새우며 눈물을 쏟았다. 윤관 원수가 분수원汾水院에 하관下棺되던 날 밤이었다.

울다 지친 웅단이는 그날 심야에 시냇가 절벽 위로 발길을 옮겼다. 시퍼런 웅덩이를 바라본 후 "나의 마지막은 여기다." 하며 울부짖었다. 한참을 오열하던 그녀가 치맛자락을 뒤집어 쓴 채 낙화처럼 몸을 날려 윤관 원수 따라 순절殉節하였다. 웅단이 몸을 던진 곳은 지금도 파평산 동편 아래에 있다. 그 못의 이름을 웅담熊潭이라 하며, 몸을 던진 냇가 기슭에 낙화암落花岩이 사적지로 보존되어 온다. 그 부근에 문숙공 친히 심은 괴목이 남아 있고, 공이 쓰던 별저 일대를 상서대

尙書臺라 부른다. 문숙공을 따라 순사殉死한 웅단은 별당에서 만년을 보낸 듯한데 공의 여진족 애희로 열녀라 일컬어지기도 한다.

윤관이 서거하자 예종은 친히 문경文敬이란 시호를 내렸다. 뒤에는 예종의 묘정에 배양되었고, 시호는 다시 문숙文肅이라 고쳐졌다.

9성 환부로 척지진국의 성업聖業을 끝내고 결실하지 못한 채 천추의 한을 남기고 숨진 윤관 대원수였다.

그러나 그의 척지정신과 구국정신은 역사의 맥으로 오늘에까지 싱그럽게 살아 있다. 장남 언인은 합문지후閤門祗候인 바 그 큰아들은 덕첨德瞻, 덕첨공의 아드님은 위威로서 시랑侍郞이고, 남원백南原伯이 되며, 남원 윤씨의 시조다. 그 아드님은 극민克敏인 바 태학사太學士로서 극민공의 아드님인 돈敦은 벼슬이 시중侍中으로 일찍이 함안백咸安伯이 되어 함안 윤씨의 시조가 되었다.

2남 언순은 남원 부사로서 5남 1녀를 두었고, 3남 언암은 흥왕사興王寺 주지였다.

4남은 이름이 전하지 않고 있으나 선사禪師요, 5남 언식彥植은 좌복야 벼슬을 하였고, 4남 3녀를 두었다. 6남 언이는 벼슬이 정당문학政堂文學으로 일곱 아들을 두었다.

7남은 언민으로 상의봉어常衣奉御였다.

장녀는 황원도에 출가하였는데 상서 우정승이요, 둘째는 임원준에게 출가하였는데 그의 벼슬은 평장사平章事에 이르렀다.

문숙공의 혈손 모두 그 출중함을 여실히 알 수 있다. 문숙공은 갔으나, 그 후손은 마치 밤 하늘의 별이나 바닷가의 모래알같이 번성하여 위국충성하였다.

6남 문강공文康公을 비롯하여 7남과 두 사랑 모두 중신으로, 혹은 선승으로 나라에 크게 이바지하였다. 이는 모두 엄친 또는 장인 문숙공의 평소 가르침에 힘입은 바였고, 문숙공의 충정과 통한이 심장의 피에서 피로 전하여진 결과였다.

결장 · 천추의 한

스러진 웅대한 꿈

척지훈신拓地勳臣 문숙공 윤관 원수는 천추의 비통한 한을 안고 노환으로 하세한 뒤 경기도 파주시 광탄면 분수원京畿道坡州市廣灘面汾水院 명당에 안장되어 영생을 누린다. 이 선영은 송나라 석구룡石球龍 상서가 특별히 윤관 원수를 위하여 명당 자리를 잡아 놓은 것으로 알려졌다.

국경을 초월하여 정을 두터이 했던 송나라 상서 석구룡은 지난날 고려에 와서 윤관 원수 사저에 머물 때의 추억과 척지공신의 대업을 기려 불멸의 고려 명장을 위한 만장輓章을 한 폭 써 주었다.

> 큰 별이 오래 해동의 나라에 빛나더니
> 인간세상에 대장부를 특별히 내셨네.
> 손으로 태산을 쳐부수어 천 조각 냈고
> 푸른 강 물결 부딪는 소리 한 잔일레.

여진 적을 물리쳐 섬멸하기 다할 제
하늘이 철인 장부를 내려 해와 달이 빛나네.
적을 소탕하여 누리가 평정되니
만리에 훈풍과 함께 봄이 왔어라.

척지장군 윤관 원수의 위업은 국제적으로 숭앙의 표적이 되었다.

사학자 장도빈張道斌의 고증에 따라 1970년대 후반 파평 윤씨 대종회(회장 윤남의尹南儀)는 1050년(문종 4년)을 문숙공 출생의 해로 정하게 되었다.

문숙공은 고구려 광개토대왕이 일찍이 개척했던 북원北原의 대륙을 회복한 고려의 명장으로, 왕건 태조의 통일성업에 이어 겨레의 숙원을 비로소 성취한 민족 전성시대의 상징이다.

고구려의 후신後身이나 다름 없던 발해의 역사를 재현하는 국맥國脈을 잇고자 예종 때 도원수로서 여진족을 북벌하기 4차에 이르러 빛나는 성과를 올렸다. 만주 일대까지 진출하여 9성을 쌓고 정계비定界碑를 세워 거금 10세기에 걸쳐 위대한 한국인의 의지와 저력을 안팎으로 현양한 척지공신이요, 대표적인 충의의 정복자였다 일컬을 만하다.

영용한 해동명장海東名將으로 북벌대첩에 꽃다운 이름을 드날린 점에서 문숙공은 광개토대왕과 그 위업의 정신이 상통한다.

실학자實學者 성호星湖 이익李瀷은 일찍이 명언하였다.

"한민족은 발해 옛땅을 되찾지 못하여 반도에 갇힌 우물

안 개구리가 되었고, 인간성조차 왜소해졌다. 반드시 이를 얻어야 크게 뻗을 수 있다."

문숙공 윤관 원수의 위업으로 대한의 민족정기는 비로소 크게 뻗을 수 있었다.

문하시중이자 척지원수인 윤관의 천추에 맺힌 한은 뜻 있는 이들의 가슴마다에 살아 있어 화랑의 얼로써, 혹은 호국정신으로 맥을 이어 왔다.

그러던 중 조선 왕조가 정착된 시기에 영명한 세종대왕과 걸출한 인물 김종서 장군에 의해서 비록 전부는 아닐망정 6진의 수복으로 3천리 금수강산이 한반도로 확정될 수 있었다. 문숙공 윤관의 9성 개척이 없었던들 상상조차 못할 일이었다.

세종대왕은 북진사상北進思想의 명장 윤관의 피어린 9성 개척을 우러르면서 연해주 블라디보스토크에 국경비國境碑를 세우고, 길림성 연길현에 정계비를 세웠을 뿐만 아니라, 서백리아 수청층벽水淸層壁에까지 "고려의 대장군 윤관이 이곳을 지나갔다."라는 글을 새겨 한민족의 위엄을 보이며 국위를 선양해 마지않았다.

한말 구국 언론의 선두에 섰던 장지연張志淵은 그의 《위암문고韋庵文庫》 9권 동사고략東事考略에서 문숙공의 9성 위치를 밝히고 있다.

그 요지는 고려 예종 때 문하시중 윤관이 선춘령 이북에 통태·공험·평융 등 3진의 성을 쌓아, 일찍이 선춘령 이내에 9성 중 3성이 있었다는 고증이다.

척지훈신 윤관 원수의 북벌은 정복을 하는 데 그치는 것은 아니었다. 이민족을 정복하기보다 덕치德治를 베푸는 데 큰 뜻이 있었으며, 영토와 아울러 인정仁政의 통치를 넓혀 세계 정부 모형을 추구하는 이상의 드높은 실현을 목표하였다. 고조선으로부터 고구려 시대를 거쳐 발해시대의 영토였던 옛 강역을 되찾고, 지난 날의 유민들과 이민족의 인구를 폭넓게 포용하여 세계적인 강대국을 형성하려는 벅찬 과업의 추진이었다.

윤관 원수는 개경開京 중심의 역사를 한반도 전체의 역사로 이끌고 나가기에 만족하지 않고, 만주와 연해주는 물론 저 멀리 만리장성萬里長城에 도전함으로써 세계 제국의 역사 건설에 능동적으로 기여하려 했다.

결국 윤관 원수의 척지대업 보류는 정복의 좌절보다 대륙적 인간상 형성을 비참하게 했다는 데 더 큰 문제가 있다. 또한 끝없는 정복욕의 충족보다 넓게 옛 강역을 찾아 덕치를 펴려는 근원적인 좌절을 초래하고 말았다. 다시 말하여 아주 공동체亞洲共同體 내지 인류 공동체로 뻗어 나가는 평화의 달성을 막아 버리기에 이르렀다.

문숙공의 북벌 철회가 민족사적 비극에 멎지 않고, 반도사적 왜소한 숙명을 자초한 통한은 말 그대로 천추의 통한이 될 수밖에 없다.

문숙공이 유명幽明을 달리하고 예종마저 승하한 암담한 분위기에서 고려인들의 자주의식은 숙적 금나라에 대한 불붙는 대항의지로 나타나게 된다.

달랠 길 없는 역사적 통한

북벌대첩의 영걸 문숙공 윤관은 한국 역사의 흐름에 정사 正史의 공덕이 될 기념탑이다.

문숙공이 30만 대군으로 여진을 정벌하고, 강토 천여 리를 개척하여 9성을 축조한 그 공덕은 역사상 찬연히 빛난다.

여진과 계속 싸우기를 싫어하던 나약한 유신들의 뜻에 따라 국왕이 9성을 다시 여진에게 반환함은 윤관 원수와 고려를 위하여서는 물론 한국의 역사를 위하여서도 불행한 일이었다. 그 당시의 실정에서 이미 9성이 견고하게 축조되어 었었고, 그곳에 군사가 수십만 명이 지키고 있었으며, 7만여 호 40만 명의 백성이 거주하고 있는데다가 다수의 여진 사람들도 고려에 귀순해 있어 9성을 지킨다는 것이 다소 벅차기는 하나, 그리 어렵지 않은 일이었다.

또 실지로 여진이 여러 차례에 걸쳐 각 성을 공략하여 왔으나 이를 다 막아냈던 것이며, 또 고려의 장수와 군사들이 모두 성심껏 성을 지켜, 수년 동안 악전고투를 하면서도 종시 적군에 한 치의 땅도 양보하지 않고 그들의 예봉을 꺾어 놓을 수 있었다. 비록 일시 고려군이 패한 적도 있으나, 이는 몇몇 지휘관의 허물이었을 뿐, 고려군 자체의 역량 부족은 아니었다.

그러나 고려 조정에서 나약한 유신들은 한갓 여진과 겨루기 싫다는 점을 화전의 이유로 내세우고, 윤관 등 척지파拓地派의 세력을 꺾자는 의도를 가지고 왕 앞에 강권하여 9성 천여 리를 여진에게 다시 돌려 주는 돌이킬 수 없는 과오를 범했다.

이를 계기로 동아사東亞史는 그 기축機軸이 달리 돌아가게 되었다. 통탄할 일이 아닐 수 없다.

역사상 민족의 수호신이라 할 문숙공의 유택을 모신 분수재汾水齋는 경기도 파주군 광탄면 분수리에 있다. 문숙공의 묘소와 영당 및 교자총轎子塚이 있는 영역塋域이다.

문숙공이 북벌대첩 당시에 국왕으로부터 하사받은 수레를 매각埋却한 교자총의 기념으로 교자총비轎子塚碑가 건립되어 있다.

문숙공 신도비神道碑는 1966년에 시조 34세손 경수敬秀의 독담으로 건립되었다. 비문은 시인 노산鷺山 이은상李殷相 찬 撰이며, 후손 석오錫五의 글씨로 새겨져 있다.

… 9성을 철수한 지 겨우 6년에 완안부 추장 아골타가 일어나 금金나라를 세웠거니와 우리가 그 땅을 지켰던들 거란을 앞지를 자가 저들이 아니요, 우리가 아니었겠느냐. 뒷날 세종 때 김종서 장군이 경성 서쪽에 있는 승암산僧岩山 위에 공公을 모시는 사당을 짓고 제사했으며, 그 뒤로는 사당 이름을 노당蘆堂이라 부르며 향불이 끊어지지 아니하였고, 선조宣祖 때에는 시중묘侍中廟라 사액까지 했으며, 영조英祖께서 분묘墳墓에 치제致祭하셨고, 광무황제光武皇帝는 특히 지방관 홍우관洪禹觀을 보내어 공의 무덤에 제사하는 등 역사를 통해 공을 추모하기를 말지 않았음을 보거니와 다시 한 번 생각건대 옛날 김종서 장군의 6진 개척도 공의 9성을 다 못 찾은 것임을 보면 9성

은 과연 역사적인 장거요, 또 고구려 옛 땅을 되찾을 수 있는 발판이기도 했건만, 슬프다. 꿈은 사라지고, 오늘은 그나마 길도 끊어져 소식조차 알 길 없음을 어찌하랴. 이제 나는 파주의 옛터를 찾아와 공의 무덤과 오랜 영정 앞에 머리를 숙여 풍우 속에 흘러간 9백년 세월을 더듬어 공을 그린다.

통일의 상징 동상 건립

윤관 원수가 62세를 일기로 생애의 막을 내리고 분수원에 잠든 지 20년의 세월이 덧없이 흘렀다. 고려 인종仁宗 8년 문숙공은 재위 17년, 45세의 장년으로 승하한 문효대왕 예종의 묘정에 배향되었다.

윤관 원수의 얼을 모셔 영원히 만인의 가슴 속에 새기고자 1583년 문숙공 묘文肅公廟가 창건되었는데 시중묘侍中廟라고도 한다. 1721년 여기에 윤문숙공 묘비尹文肅公廟碑가 세워졌고, 또 이해 가을 정북사靖北祠·원수대元帥臺·시중대侍中臺 등이 차례로 세워졌다.

일찍이 북정北征의 장도에 올라 여진군을 격파하던 전적지인 함경북도 경성·북청 일대에 이들 유서 깊은 사적이 보존되어 왔다.

1825년 단천端川에 다시 장사대壯士臺가 세워지고, 1898년 북청에 만뢰사萬籟祠가 건립되었다. 1933년 평북 가산嘉山에 조양사朝陽祠가 세워지는 등 북벌대첩의 문숙공 사적지인 함경도·평안도 일대에는 기념 사당이 즐비했다.

함경도에 있는 문숙공의 많은 사적지 중에 특히 원수암元帥岩·원수대·장사대·만뢰사는 초목이 불타는 가뭄에도 이곳에 관민 합동으로 기우제를 지내면 십중팔구 단비가 내린다는 기적도 없지 않았다.

뿐만 아니라 이 사적지들에는 유행성 질병의 퇴치에 대한 이야기도 전한다. 유행성 질병이 창궐할 때에 여기에서 기도를 드리면 쾌유케 된다고 전해 온다. 이는 기도 드리는 사람의 신덕信德이 윤관 원수의 신명神命에 닿아 낫는 것이라 하여 관북 지방 사람들은 윤관 원수를 고금을 통하여 민간의 수호신으로 우러르기에 이르렀다.

8·15 민족 해방 이후로 1946년 충북 청원淸原에 호남사湖南祠, 1957년 전남 함평咸平에 수벽사修闢祠, 1958년 경북 예천醴泉에 화지사花枝祠, 1969년 전남 광주光州에 서강사瑞岡祠 등이 건립되어 문숙공의 영정을 모셔 선대의 높은 정신을 받들고 있다.

파평산 아래 마을에는 추원단追遠壇이 있고, 상서대尙書臺가 있다. 상서대 앞에 푸른 돌벽이 있어 이를 낙화암이라 하고, 그 밑에 있는 못을 웅담이라 불러서 지금 '곰소시'라고 한다. 이리하여 이것이 동네 이름이 되었다.

한편 웅담리熊潭里에 있는 상서대에는 괴나무 몇 주가 있다. 이는 별저지대에 문숙공이 손수 심은 것이라고 전한다. 6·25 때 폭격으로 죽고, 2주만이 남아 있는데 추원단 옆에 있다.

한편 1763년에 영조 대왕은 문숙공 묘소를 심봉했고, 이듬해 국왕 친히 묘소에 치제致祭했으며, 1766년에 문숙공 묘비를 건립하였다.

1805년 분수재汾水齋 제청이 신축되고, 1856년 제청과 묘소의 막사가 보수되었으며, 1909년에도 순종純宗황제가 묘소에 친히 치제하였다.

1932년 분수영당汾水影堂이 건립되어 문숙공 영정이 봉안되었다.

문숙공의 묘소는 1972년에 지방 문화재 제12호로 지정되었고, 1987년 국가 지정 문화재로 승격되었다.

묘소에는 묘표 음기墓表陰記가 있고 묘지墓誌가 있으며, 신도비神道碑가 있다.

1970년대에 접어들어 문숙공 추모사업이 본격화하게 되었다. 1972년 산소의 묘사가 개축되면서 분수재가 경기도 지방 문화재 제12호로 지정되는가 하면, 1975년 가을 문숙공 사적비文肅公史蹟碑가 건립되었다. 평융척지 진국공신平戎拓地鎭國功臣 문숙공 윤관 사적비는 문단 원로 월탄月灘 박종화朴鍾和 근찬謹撰으로 되어 있다.

이듬해 11월 파평 윤씨 대종회는 문숙공 동상 건립을 의결하면서 기념사업회 발족을 서둘렀다. 병진총회를 계기로 다음해인 1977년 1월 25일 오후 서울 신문회관에서 문숙공 윤관 장군 기념사업회가 정식으로 창립되었다.

기념사업회회장 이선근李瑄根 박사는 지상의 목표로 범국민적인 호응과 성원 속에 동상 건립을 추진하였다. 문숙공의 진가를 널리 알리고자 당시 KBS TV를 통하여 와이드 프로 '맥脈'에 '광야曠野의 별'로 2회에 걸쳐 공연하는가 하면, 동상 건립의 장소를 서소문 공원으로 확정하여 1979년 9월 문숙공 동상의 착공을 보았다. 문화재 전문위원이자 연세대 교수인 김동욱金東旭 박사의 복식 고증과 국전 초대 작가 민복진閔福鎭 조각가의 제작으로 동상의 키 6미터에 대석臺石까지 합하여 13미터나 되는 이 거창하고 웅장한 문숙공상은 조경작업에까지 거액이 들었다.

1979년 12월 기념사업회는 문공부와 제휴하여 문숙공 표준 영정을 제정하였다. 각계의 권위 있는 고증을 거쳐 일랑一浪 이종상李鍾祥 화백이 심혈을 기울인 문숙공의 표준 영정 원본은 덕수궁 현대미술관(86년 과천으로 이전)에 보존되어 있고, 분수재 영당각을 비롯하여 전국 각처의 사당에 봉안되었다.

이에 앞서 11월 기념사업회는 윤석중 작사, 손대업 작곡의 '문숙공 윤관 장군의 노래'를 제정하기도 했다.

오랜 기간 기념사업회는 범국민적 성원 속에 문숙공 윤관 동상을 서울역 인근 염천교 옆 서소문 공원에 세웠다.

1980년 5월 8일, 문숙공 서거 869주년을 추모하여 문숙공 윤관 장군 기념사업회는 주변의 조경사업도 알뜰히 마쳐 거족적인 제막식을 올렸다.

거인상巨人像을 중심으로 3면에는 성 모양의 담장이 둘러져 있고, 왼편으로부터 의주·함주·영주·복주·웅주·길주·평융·통태·공험의 9성이 옹립되어 있는 데다가 네 귀퉁이에마다 해태상이 웅크리고 있어 문숙공 윤관 원수를 받들고 있다.

동상 제막식에 즈음해 임중빈任重彬의 문숙공 실기가 인물연구소에서 나왔고, 소설가 유현종劉賢鍾은 윤관 장군에 관한 소설 《천년한千年恨》을 조선일보에 연재한 뒤 1983년 12월에 이를 간행했다.

문숙공 묘소는 1987년 12월 10일 국가 문화재 사적 제323호로 지정되었다. 1991년 4월 24일 묘역에 대한 정화작업이 기공되어 이듬해 10월 30일 1차 준공을 보았다.

한편 윤범하尹凡河의 《윤관 대원수의 통한 실기》는 1993년 8월에 나왔다.

남북통일의 상징이자 북계 옛 강역 수복의 북벌대첩에 빛나는 영걸인 문숙공 윤관 원수는 민족중흥民族中興의 영원한 행진곡이요, 언제 어디에서나 만인을 격려하며 일깨우는 희망의 햇불로 우리 마음 속에 길이 불탈 줄 믿는다.

문숙공 윤관 연보

1050년(고려 문종 4)   경기도 파주에서 파평 윤씨 시조 태사공 윤신달尹莘達의 증손 집형執衡과 신라 경순왕 손녀 경주 김씨의 독자로 출생. 이름 관瓘, 자 동현同玄, 시호 문숙文肅.
1074년(문종 28)   25세. 4·27 태자 복시 명경과 장원.
1084년(선종 1)   35세. 예빈주부로 시사試士.
1085년(선종 2)   좌습유 지제고. 8·10 송 사절단.
1086년(선종 3)   전중내급사, 서경유수 판관.
1087년(선종 4)   12·1 합문지후, 광충청주도 출추사.
1091년(선종 8)   전중시어사.
1094년(선종 11)   12월 상서 이부원외랑.
1095년(헌종 1)   10·9 숙종 즉위, 좌사랑중 시어사로 요나라 파견. 어사, 지수주사.
1096년(숙종 1)   동궁 시강원 학사.
1097년(숙종 2)   대각국사와 주전도감 설치 주도.

1098년(숙종 3)	동궁 시강학사. 7·13 정사로 송나라 파견.
1099년(숙종 4)	50세. 6·12 환국.
1101년(숙종 6)	6·10 추밀원 지주사. 9월 남경 개창도감 설치, 서울 탐사.
1102년(숙종 7)	3·22 시주관 지공거. 11·23 추밀원 부사. 1 2·21 어사대부.
1103년(숙종 8)	2·26 이부상서 동지 추밀원사. 6·20 한림사승지.
1104년(숙종 9)	55세. 2·21 동북면 행영 병마도통으로 1차 북벌출정, 3·4 여진군과 첫 접전, 보병으로 기병에 눌려 결맹. 7·20 참지정사 판상서 형부사 겸 태자빈객. 12월 신기·신보·항마 3군으로 별무반 창설, 맹훈련 주도.
1105년(숙종 10)	6·9 태자 소보 판상서 병부 한림원사. 10·2 북벌 숙원 속 숙종 붕어, 예종 즉위. 11·4 중서시랑 동평장사.
1107년(예종 2)	7·11 참지정사 상주국 수국사. 윤10·20 행영 대원수로 대군 인솔 2차 여진정벌 출정. 11·25 서경에서 30만 대군 이끌고 2차 북벌 결행. 11·30 정주 장주 첫 승전. 12·5 천리장성 넘어 15일까지 135 여진 촌락 점령 대첩. 영주·웅주·복주·길주 4성을 쌓으며 영주성에 인왕진사·동보제사 창건.

1108년(예종 3)	마운령 병항전투에서 영주대첩. 2·14 함주·공험진 2성 쌓음. 3월 그믐 의주·함주·영주·복주·웅주·길주·통태를 비롯 두만강 건너 평융진과 선춘령 성라산 아래 공험진에 40만 이주 주선. 4·2 추충좌리 평융척지 진국공신 문하시중 판상서이부사 지군국중사. 4·9 수도 개성에 개선. 7·7 행영 병마원수 문하시중으로 3차 북벌 출정. 9·1 영평현 개국백.
1109년(예종 4)	60세. 4·11 창릉에 전첩 봉고제. 5·10 문하 시중으로 종묘 사직과 9능에 참배 승전 기원. 5·21 4차 북벌 출정. 7·2 9성 환부의 어명으로 7·22까지 9성에서 철수.
1110년(예종 5)	11·15 공신호 삭탈, 12·7 복권조치로 수태보 문하시중 판병부사 상주국 감수국사.
1111(예종 6)	5·8 62세로 영면, 경기도 파주시 광탄면 분수원에 안장. 문숙공 묘역은 1987·12·10 국가 문화재사적 제323호로 지정됨.

참고 문헌

- 《고려사》
- 《고려사 절요》
- 안정복《동사강목》
- 파평윤씨 대종회 편《용연보감》(1977, 인물연구소)
- 윤병희《문숙공의 여진 정벌사》(1980, 문리사)
- 리선근《한민족의 국난 극복사》(1978, 휘문출판사)
- 임중빈《문숙공 윤관 장군》(1981, 인물연구소)
- 윤범하《윤관 대원수의 통한 실기》(1994, (주)한가람 전산)

윤관 장군과 북벌

발행일 | 2023년 10월 15일 초판 1쇄 발행

지은이 | 임중빈　　　　　**펴낸이** | 윤형두 · 윤재민
펴낸곳 | 종합출판 범우(주)　**인쇄처** | 태원인쇄
교　정 | 이경민　　　　　**제본처** | 태원인쇄

등록번호 | 제406-2004-000012호 (2004년 1월 6일)
　　　　　 (10881) 경기도 파주시 광인사길 9-13 (문발동)
대표전화 | 031-955-6900　　**팩　스** | 031-955-6905
홈페이지 | www.bumwoosa.co.kr　**이메일** | bumwoosa1966@naver.com

ISBN 978-89-6365-556-7　03810

* 책값은 뒤표지에 있습니다.
* 잘못된 책은 바꾸어드립니다.